U0520166

性别经济学

带你超越人生周期

刘倩 著

中信出版集团 | 北京

图书在版编目（CIP）数据

性别经济学：带你超越人生周期 / 刘倩著 . -- 北京：中信出版社，2024.8（2024.10重印）
ISBN 978-7-5217-6445-1

Ⅰ.①性… Ⅱ.①刘… Ⅲ.①性别－劳动经济学 Ⅳ.① F240

中国国家版本馆 CIP 数据核字（2024）第 054010 号

性别经济学：带你超越人生周期
著者： 刘倩
出版发行：中信出版集团股份有限公司
（北京市朝阳区东三环北路 27 号嘉铭中心　邮编　100020）
承印者： 嘉业印刷（天津）有限公司

开本：880mm×1230mm 1/32　　印张：10.25　　字数：164千字
版次：2024 年 8 月第 1 版　　印次：2024 年 10 月第 2 次印刷
书号：ISBN 978-7-5217-6445-1
定价：62.00 元

版权所有·侵权必究
如有印刷、装订问题，本公司负责调换。
服务热线：400-600-8099
投稿邮箱：author@citicpub.com

连上那根线

说实话，有点羞愧，只是因为是刘倩的朋友，让自己的文字在这本我完全外行领域的书里占上几页纸。

女性议题和经济学，对一般读者来说，是不搭的话题。

2023年的诺贝尔经济学奖授予美国哈佛大学经济学教授克劳迪娅·戈尔丁（Claudia Goldin），以表彰她"发现了劳动力市场性别差异背后的关键因素"。

诺贝尔委员会指出："克劳迪娅·戈尔丁是第一个提供几个世纪以来女性收入和劳动力市场参与情况的人，她的研究揭示了这些变化背后的驱动力，并指出了性别差异持续至今的主要原因。"

"翻译"成通俗的话，就是说戈尔丁的工作，在性别和劳动力市场之间，用经济学的视角，连了一根了不起的线。这根线是如此了不起，以至于有诺贝尔奖的殊荣。

虽然刘倩没有做纯学术的工作，但她自己是经济学博士，毕业后一直在经济学人集团工作，做到了大中华区的总裁。同时，作为女性，她经历了离异，是一个女儿的妈妈。她又在工作之余，从2015年开始做经济学科普工作。这些经历加在一起，让刘倩有独特的身份，也可以做一个"连线"的人。而这本书，连了好几根无价的"线"。

一、中国和世界

刘倩和我年龄相仿，而且也是山东人。我们的成长经历有很多相似。大学毕业以后，她去瑞典读的经济学博士，毕业之后在欧洲加入经济学人集团。集团总部在英国，是世界公认的经济学界的一流媒体。几年后，刘倩回到北京，做大中华区的总裁做了8年。

我们这一代人，可以说是改革开放之后走出国门看世界的第二代人（80年代出国的是第一代）。现在回看，我们非常幸运地生在那个年代，大学毕业的时候，正值中国日益开放，世界也热情地拥抱中国。我们无论走到哪里，遇到的环境大多是开放、友好的。我们可以用不是母语的英文读完博士，在很好的平台找到工作，并能带动这些平台在中国的发展。刘倩自己的求学和职业经历，让她有这样的能力、经历和视角，在中国和世界之间连一条线。

二、社会体感和学术分析

刘倩从2015年开始做"性别经济学"公众号。到现在，专门讨论这个议题的公众号也只此一家。她一方面有经济学专业素养，一方面又可以写读者友好、通俗易懂的文字，这是一种难得的能力组合。她写过的《"剩女"经济学》等经典文章，也在我的公众号"奴隶社会"发布过，每一篇都有非常高的阅读量，读者好评如潮。

所以这本书里，一方面是大部分人熟悉的社会议题：教育，职场，爱情，婚姻，生育；一方面是经济学后面的原理，数据和分析。在每一个议题中，模糊一团的"社会体感"被经济学的犀利分析照亮，刘倩在这两个世界之间，连了一条线。

三、个体经验和宏观现实

刘倩作为女性，经历婚姻、为人母、离异、职场，很多女性也会在她的经历中看到自己。作为一个经济学者，又需要抽离个体的经验看到很多人生事件后面的宏观现实。所以在这本书里，刘倩一方面透过个人经历和观察，生动地描述了性别不平等在现实生活中的种种表现，并引出了一系列值得深思的问题：在现代社会中，性别差异对经济行为和决策究竟有何影响？她又穿过个体经历，通过丰富的数据和具体的案例，在社会生活的宏观层面，构建了一幅全面而生动的性别经济学图景。从个体经验到宏观现实，这是这本书连上的第三根线。

在这三条"线"的基础上，这本书给我们带来了很多令人惊讶的数据和数据后面理解社会的性别经济学视角：

在教育方面，作者引用乔治敦大学和世界银行的研究数据，指出对女性投入产出比最好的投资是教育投资。女性每多接受一年教育，她们的年收入将增加10%，而且这一教育投资的收益率在全球范围内普遍高于男性。这些结论不仅揭示了教育在经济发展中的核心作用，也进一步强调了性别平等对经济增长的推动力。

在职场章节，作者引用了麦肯锡的一项研究，阐释性别多样性较高的企业，其盈利能力和生产效率比性别单一的企业高出21%。这说明更多女性参与职场，对企业的发展是强有力的推动。

在"剩女"问题上，作者指出，"剩女"并非因为女性数量过剩，而是由于婚姻市场中男女双方的需求和期望不匹配。书中引用的一项研究发现，在中国近300个地级市中，20~39岁的人口中男性数量普遍多于女性。因此，"剩女"现象实际上是由于婚姻市场的结构性问题，而非男女比例失衡导致的。

在生育经济学章节，通过详细分析生育成本和"生育惩罚"，作者揭示了在现有社会条件下，生育对女性职业发展的长期负面影响。丹麦的一项研究发现，女性生育一个孩子，其职业发展受到的影响相当于收入减少20%。在中国，女性因生育带来的机会成本更高，这不仅影响了她们的职业发展，也对整个社会的经济发展产生了负面影响，而2021年的研究数据显示，提供充足的育儿支持系统可以将女性重返职场的比例提高30%，这对于提升整个社会的生产力具有重要意义。

这些议题，对很多读者来说并不陌生。这本书里刘倩做的宝贵工作就是通过在"中国和世界""社会体感和学术分析""个体经验和宏观现实"之间的三条连线，把每一个议题后面的经济学原理、数据、分析和对我们日常生活的意义展示给大家，从而让我们有可能对这些问题形成新的社会共识，进而共同推动改变。

祝贺这本书的出版，希望读者你也可以像我一样在阅读的过程中深深受益。

李一诺

一土教育创始人

盖茨基金会前中国负责人

麦肯锡前全球董事合伙人

性别与发展

在过去的半个世纪里,中国经历了(也许是历史上最引人注目的)巨大的经济和社会转型。在这场变革中,没有一个机构不发生改变。家庭作为一种社会单位,亦是如此。男性和女性所面临的机遇有了深刻的变化,对女性而言,这种变化尤为重大。机遇的变化同时带来了行为和选择的改变。例如要不要结婚?什么时候结婚?要不要生孩子?什么时候生孩子?要不要离婚?什么时候离婚?这些选择的结果推动了另一个同样巨大的转型过程,即中国的第二次人口结构转型——出生率下降(第一次人口结构转型源于死亡率的降低)。联合国预测,到21世纪末,中国的人口总数将从13亿缩减至7.7亿。亚洲许多国家正在经历与中国相似的人口结构变化。

可以说,发展对女性的影响远比对男性深远得多。在发展初期,女性全体参加体力劳动。随着收入水平的提升,首先出现的是越来越多的女性退出劳动力市场并转而投入非正式的家庭劳动。但是随着经济的进一步繁荣，父母可以通过付费在养育子女方面获得帮助，也有钱让女儿接受教育，于是女性再次进入劳动力市场。在每一段经济发展的历史中都可以找到女性劳动参与率的这种U形变化曲线，只是不同时期和地区变化的幅度存在差异。以南亚和中东大部分地区为例，当地的女性劳动参与率比预期要低20个百分点。可是在现代中国，女性相对较高的劳动参与率贯穿经济发展的全过程。中国女性无疑为此付出了相应的代价——她们通常要兼顾职场和家庭的双重劳动，但总的来说这也实现了女性在生产力和创造力方面的潜能，丰富了职场的多样性。

与此同时，世界各地的女性都受益于过去50年来全球健康状况的巨大改善。女性能够更多地接触和使用不断进步的避孕方法以及（相对较晚才出现的）试管婴儿技术，在第三世界国家也是如此。要不要孩子以及什么时候生孩子（甚至是要独自生育还是和伴侣一起）的决策极大地改变了女性的职业和婚姻选择，而且在未来它们的影响可能还会不断增加。现在女性可以自行决定是否要为提升自己的人力资本进行投资，包括在那些需要提前投入大量资金的职业领域。此外，避孕手段也降低了推迟婚姻的成本。也许更重要的是，在当前的技术水平下，只有女性自己可以决定她们的生育选择，或者至少可以说，在未经女性同意的情况下，没有人可以替她们做决策。

本书试图通过经济学的视角来理解上述变化,以及我们应当如何应对这些变化。其中,还包含了作者的个人经历,反映出她想要通过分享自身经验帮助年轻女性——以及男性——应对社会深刻变革的责任感。作者将焦点放在中国以及中国女性的处境,但是书中的理性讨论普遍适用于目前正在经历类似经济和人口结构转型的众多国家。本书结合了学术研究、个人经历以及对问题的深刻见解,使它不仅能让中国的读者受益,对更广泛的读者群体都是有价值的。

本书的作者是一位训练有素的劳动经济学家,她熟悉经济学的分析工具,也很清楚惰性思维的缺陷。在经济学中,没有哪一个领域比劳动经济学更专注于对抗人类想要在那些本不存在因果关系的事件中寻求因果关联性的本能,也没有哪一个学科分支比它更关注忽略遗漏变量。刘倩博士整合了丰富的研究中国性别范式的经济学文献,它们大部分是关于世界历史上(中国经济社会巨变)这一非凡时期的研究成果。此外,她还补充了许多来自世界其他地区的重要研究发现,尤其是我的母国瑞典——刘倩博士正是在那里取得了博士学位。通过上述工作,刘倩博士在书中对中国乃至全球许多重要的典型和不那么典型的现象进行了有趣且发人深省的分析和讨论。

经济政策中最重要的问题之一就是如何降低机会不平等。大部分发展中国家和第三世界国家都存在惊人的机会不平等现象，甚至在许多发达国家也是如此。如果一个国家80%的女性被排除在劳动力市场之外，这无疑会造成经济效率的巨大损失。事实上许多国家都存在这种情况。正如刘倩博士所说，没有比投资女性教育更好的资源使用方式了，而且在这些（女性参与率极低的）经济体中，投资女性教育往往是实现潜在经济增长的唯一且最重要的动力。然而，仅靠教育并不能让女性投入劳动力市场。在大多数发展中国家，各个受教育程度不同的女性群体——不论高低——都存在劳动参与率低下的现象。

中国利用公共资源和私人资本对女性教育进行了大量投资，让她们有机会接受更多的教育和找到更好的工作，而中国女性也抓住了这个机遇。如今，在高中，女学生的成绩更好，中国的本科生和研究生群体中女性的占比也都高于男性。这些反过来又影响了女性对待婚姻和育儿的态度，进而对男性也产生重大影响。刘倩博士注意到"剩女"这一概念。在过去，"剩女"通常是指在抗日战争和内战爆发后数十年里因为男性人数短缺而"被剩下"（无法进入婚姻市场）的女性。在独生子女政策和传统重男轻女思想的双重推动下，中国的男童数量过多，现在越来越多的男性"被剩下"，

"剩女"现象已经逐渐被"剩男"的现实取代。

本书也是一位成功职业女性深入的自我探索。作者离异并育有一女。她和中国所有女性一样，要面临春节回老家后亲朋好友的各种质疑：你为什么不结婚？如果找不到老公，读那么多书、事业上取得那么多成就有什么用？婚姻可以为你和你的孩子提供经济上和社会上的安稳，你怎么能离婚呢？邻居家的孙子都已经会打酱油了……

刘倩博士试图为自己和新一代的女性寻找一些答案。她们单身、不生孩子或者离婚并不是因为在婚姻市场的失败，而是经过深思熟虑后的自我解放和生活方式的选择。考虑到中国的社会福利制度和教育模式的改变——越来越多的女性选择接受更高教育，新时代女性的这些变化是完全可以理解的。但是对于一个正在经历残酷人口结构转型的国家来说，上述变化也带来了根本性的挑战。

许多国家为缓解人口老龄化推出了各种雄心勃勃的计划。刘倩博士在书中提出了她自己关于扭转出生率下滑趋势的政策建议。不幸的是，以往的政策试验结果并不是非常理想。一些原本被视为典范的国家，例如瑞典和法国，也未能有效阻挡出生率的下降。极少数地区的成功案例却是以高昂的经济成本为代价——多出生一个婴儿的政策激励成本高达数百万美元。

作者在书中将学术研究和自己的职场生活经验相结合。对于诸如在职场穿什么衣服、如何征服男性以及什么时候分手等看似充满少女心的问题,作者也通过引用学术研究慎重地给出了建议,突显出这些看似浅薄的问题的重要性。从刘倩博士的研究及她对其他学者的学术研究成果的介绍中,可以隐约窥到她的个人经历。我可能错了,但是刘倩博士所描述的由女性在职场的成功所引发的婚姻契约——"(婚姻内两性的)角色和分工"——的重新谈判在我看来和她自己的故事很像。这种个人感悟和分享意愿使原本生硬枯燥的统计分析和演绎推理变得生动起来。

根据瑞典的研究,刘倩博士指出职场上的成功会增加女性的离婚率,却不会影响男性的离婚率。研究结果表明,在市长竞选中当选或被任命为CEO使女性离婚的概率增加了一倍多,但没有改变男性离婚的概率。正如刘倩博士所说,这可能是性别不平等的一种体现。但它也可能是女性解放的表现,即女性不论在经济上还是社会上都不再必须依赖男性。她还引用其他文献表明组建家庭虽然对男性有益,却会对女性的自我实现形成阻碍。

我在生活中亲眼看见女性为家庭牺牲事业的这种现象。我的父母都是医生。有大量证据表明我的母亲在专业技能方面更优秀,但她在职场上总是不断地退缩以确保我的父亲不会被比下去，而且她（几乎）总是迁就我父亲的职业选择。母亲在九年内生育了六个孩子，她承担了家庭内几乎全部的家务，而且常常要干到深夜。最终她对自己的选择感到非常沮丧和不满。这一切都发生在瑞典，一个通常被认为是世界上性别最平等的国家（之一）。幸运的是，正如刘倩博士所说，瑞典的态度和行为模式已经发生了变化，且改变仍在持续。

刘倩博士写道："这些为了维持婚姻而在职场上做出的妥协不仅阻碍了女性的职业发展，更影响到整个社会和经济。要事业还是家庭，不应该是女性群体独自面对的选择，而应该是全社会共同正视的问题。只有在男女共同的努力下，我们才可以在经济增长的同时保持个体、家庭和社会的更高稳定度，以及更高的幸福效用。"

在书的结尾，刘倩博士提出了许多经过深思熟虑的建议，提及政府和雇主可以采取哪些措施来帮助女性应对上述所有转变，以及如何从这些变化带来的机遇中获益。归根结底，这也关乎男性可以做些什么，或他们应该如何鼓励彼此在育儿和家庭劳动中承担起更重要的角色。令人鼓舞的是，在亚投行举办的关于经济包容性和性别多样性的讨论活动中，我总是可以在观众席看到很多中国男性的身影。

本书还展现了刘倩博士富有冒险精神和风趣的一面。她是一名出色的高空跳伞员。她的幽默在书中随处可见。从本书结尾所呈现的一系列充满活力的人物对谈和关于经济学家夫妻的可爱介绍中，我们也不难发现她的幽默感。书中提到介绍的经济学家夫妻，丈夫和妻子的学术成果与影响力并不总是势均力敌。如果说即使在这样的夫妻关系中，女性依然做出了大量的妥协，我也不会感到惊讶。

本书讨论的主题非常丰富，但依然有很多未能涉及的问题。例如，为什么中国在政治领域担任领导职务的女性这么少？为什么女性（以及男性）没能够更多地团结起来影响决策者，以求改善母亲在职场中的处境？我也希望能够看到更多关于在应对人口结构转变的过程中女性所承担的压力不断累积的讨论。即使本书并未正面提出这些问题，我们还是可以通过书中的分析和讨论窥见一些答案的雏形。我希望在刘倩博士的下一本书中，她能够更多地展现自己"高空跳伞的一面"，并谈一谈这些没来得及讨论的问题。

白乐夫（Erik Berglof）
亚洲基础设施投资银行首席经济学家
伦敦政治经济学院全球事务研究所前所长

目 录

连上那根线　　　　　　　　李一诺　 I
性别与发展　　　　　　　　白乐夫（Erik Berglof）　 VII

引　言　我为什么要写这本书　001

第一章　教育和性别经济学　014
　　写给女性的十大经济学原理　014
　　女性教育投资，稳赚不赔　029
　　后疫情时代的经济增长：教育、人才和性别　042

第二章　职场和性别经济学　049
　　女性视角的职场建议　049
　　性别平等的经济学定义　065
　　创业和性别经济学　074
　　经济下行期的婚姻选择　082

第三章　爱情婚姻经济学　089
　　"剩女"经济学　089
　　剩男和高犯罪率　105
　　经济学教你怎么恋爱　113

　　　　　别再说"帮"太太做家务　121
　　　　　经济学和春节反逼婚　127
　　　　　性别的离婚经济学　135

第四章　**生育经济学**　145
　　　　　比核弹还重要的避孕药　145
　　　　　试管婴儿经济学　154
　　　　　性别经济学视角下的生育政策建言　163
　　　　　男性生殖健康与提高生育率　175

第五章　**友人分享**　189
　　　　　性别比例，女性选择和国家未来　189
　　　　　两性的博弈经济学　194
　　　　　风投女神张璐：真正强大的女生，不惧职场歧视　199
　　　　　人工智能、艺术与性别平等　210
　　　　　达沃斯爸爸们如何平衡工作和生活？　224
　　　　　贸易也分性别？中国加入WTO 20周年之际新展望　238
　　　　　听联合国驻华最高代表谈性别平等　251

第六章　**性别经济学展望**　260
　　　　　十对改变世界的经济学家夫妻　260
　　　　　2023年诺贝尔经济学奖和性别平等　295

致　　谢　302

引 言
我为什么要写这本书

近年来,性别议题开始受到更多关注,我也惊讶地发现越来越多的朋友,特别是男性友人,会问这样的问题:中国男女已经如此平等,还要怎么样?现在有的女性那么强势,应该是男性要求更多的福利和权利吧?甚至,还有人问,现在动动手就要上升至家暴的高度,还想要怎么平等?

所以,性别不平等是不是伪命题?中国和其他国家相比做得如何?现在和历史上的对比又如何?

中国性别平等进步巨大,"妇女能顶半边天"在国际社会中被广为传扬。比如我的太姥姥(外曾祖母)是裹小脚的。我不能想象这是一种什么极端酷刑,把女性美好美丽健康的脚和她的自由及尊严裹起来。我庆幸我们都出生在新中国。

比如,几年前我离婚时,社会对离婚的观念还是传统的,我自己也觉得是个巨大的失败。仿佛额头上一个大写的

"失",鼻尖上一个超大的"败",深深地刻在脸上。离婚期间,出门和朋友们吃饭,我胆战心惊地听别人聊男女朋友、老公老婆,生怕下一秒被问到。现在回想起来,我都不理解自己当时到底在羞愧什么,在怕什么!怕找不到新的爱情,下一任老公?孤独终老?还是仅仅因为人言可畏?近年来离婚率大幅上升,离婚变得越来越普遍。女性敢于说不,敢于追求更好的生活,这都是在短短几年内发生的。

比如,仅仅9年前,即2015年底我国才出台《反家庭暴力法》。又比如教育部统计各级各类学校女生人数,本科的女生人数占53.7%,研究生的女生人数占50.94%,这是教育事业非常令人激动和欣慰的巨大进步。国家统计局发布的2021年《中国妇女发展纲要(2021—2030年)》统计监测报告显示,全社会就业人员中女性比重在40%以上,当年执行了《女职工劳动保护特别规定》的企业比重为73.3%,比前一年提高2个百分点。[①]

这些都是实实在在的进步,令人激动的进步,但在性别平等方面依然存在不足:

例如,2022年我国出生人口性别比为111.1,即每100个女婴对应111个男婴。重男轻女的观念依然根深蒂固。

---

① http://www.moe.gov.cn/jyb_sjzl/moe_560/2020/quanguo/202108/t20210831_556360.html。

例如，很多公司不雇用女性员工，有企业在招聘中直接注明"男性优先""不招女性"，这是赤裸裸的歧视。

例如，我自己在某乡镇经历过女性不能上桌吃饭的尴尬情景。

例如，世界经济论坛发布的《2023全球性别差距报告》，本次报告共收录146个经济体的数据。在政治参与方面，阿尔巴尼亚、芬兰和西班牙有超过50%的部长职位是女性，相比之下我们和印度等国的数字低于7%。[①]

联合国开发计划署（UNDP）的性别不平等指数（Gender Inequality Index），从健康、赋权和劳动力市场三部分进行衡量，中国虽然远超全球平均指标，但和各项指标做得最好的北欧国家（如瑞典）相比，还有很大差距。[②]

根据世界银行的全球性别数据库（Gender Data Portal），中国女性2022年的劳动参与率是61.1%，但在家庭中女性贡献的无偿家务和照顾孩子的劳动时间是男性的2.6倍。[③]这些数字都是尚不平等的明证。

10年前，我开始执笔写作性别经济学，初衷特别简单。

---

① https://www.weforum.org/publications/global-gender-gap-report-2023/digest/。
② https://hdr.undp.org/data-center/thematic-composite-indices/gender-inequality-index#/indicies/GII。
③ https://genderdata.worldbank.org/countries/china/。

首先,我学经济学出身,遇事会习惯性地从经济学的角度思考和衡量,进而做出判断。同时,在那一段时间我遇到了破坏性的性别歧视,感受极其强烈,于是很想做点事情来消除性别不平等,哪怕只有一点点的作用,而经济学是我掌握的唯一武器。于是,在2015年,我申请了"性别经济学"的微信公众号,开始陆续记录相关思考。

经济学既讲究科学,又注重对人的实际应用,与生活紧密相关。跟其他社会学科相比,经济学最讲究大数据以及数学计算等理性分析。与数学、物理等基础学科相比,经济学又最接近生活和社会。

我曾用经济学给朋友提供工作或者生活的建议。比如,男生A很喜欢女生B,追求多年,可惜B一直不喜欢他。A追了很多年,也很沮丧,不知道怎么办才好。继续追吧,女生更烦他;不追吧,自己已经追了这么多年,放弃了不甘心。于是,我就给A分享了经济学中的"沉没成本"概念——过往事情的投资和成本都已经过去,不要纠结已经过去的事情,只需要考虑接下来还要不要继续追,此时要考虑的是边际成本和边际回报。如果接着追还是没有可能,就应该放弃。过去花费的时间和精力都是沉没成本,没有必要考虑。沉没,就是石沉大海,过往云烟,无须考虑。

其次,大家对性别话题越来越关注,但普遍都是茶余饭后的随意闲聊。比如，和亲朋好友闲话家常、聊七大姑八大姨，北京的出租车司机聊起来也都带着"看破红尘""指点江山"的姿态。他们的聊天都是从身边一个个的具体故事展开来讲。从研究的角度看，单独的零散样本无法得出严谨、科学且具有指导性的结论。我们需要借助大数据，用大量样本去研究才行。

例如，我在2015年写"'剩女'经济学"时，关于这个话题的讨论很多，但都是零散的，所以我参考了一项关注44个经济体的经济学研究。

这篇文章很有意思，叫《欲望都市》（Sex and the City），和一部风靡全球的美剧同名。这篇研究发现，全世界大城市里女性的数量都高于男性。男性到大城市是为了找一份更好的工作，女性到大城市来不仅是为了找更好的工作，还为了找更好的另一半。这是她到大城市生活的额外动力。

我把中国近300个地级市的相关数据调出来，看哪些城市的"剩女"现象更严重。全国地级市市辖区内20~39岁的男女性别比例平均是1.05，即男性绝对数量多于女性。因此，从中国男女性别比例的现状来看，中国城市里并不存在"剩女"现象。我们甚至可以说，女性的数量是对女性处境更友好的条件。因此，当我们在讨论"剩女"问题时，一定要加引号。因为它不是一个真实的情况，更多是女性主动选择的结果。

"剩女"之剩不在于两性数量的失衡,而是源于婚姻市场中的结构性不匹配。我们可以把经济学里供给和需求的概念,借鉴到婚姻和恋爱市场上。我们也可以把劳动力市场的概念放到婚姻市场,去探讨自然性失业(恋)或者摩擦性失业(恋)等问题。

写完这篇文章后,我意犹未尽,想继续秉持科学和理性的态度来探讨性别话题。

选择话题方面,有时紧跟热点,如两孩政策,并以国际相关案例同中国对比。再比如,当大家讨论离婚冷静期的时候,我从经济学角度探讨离婚问题,是否成功女性更容易离婚、男女在离婚后的职业走向和情感变化等。

有时我会介绍新发表的有趣的经济学研究。2019年,我写了丹麦利用试管婴儿成功与否计算"生育惩罚"的研究,内容涉及生育在多大程度上影响女性收入和职业发展,个人和社会应该如何更好地鼓励生育。[①]

后来到2022年,育娲人口研究智库发布《中国生育成本报告2022版》,计算生育的成本有多高,计算口径包括奶粉、教育、租房等。

---

① 参见本书第四章中的《试管婴儿经济学》。

我对这篇报告是有矛盾情绪的。一方面,这份报告让大家了解到生育的高额成本,引起社会和政府的更多关注。这非常令人钦佩。另一方面,这项研究完全缺失性别视角,甚至可以说是典型的男性视角。平时经常听到女性对这个问题的不满,甚至是气愤。"为什么女性不多生孩子?男性从来没生过孩子,怎么知道女性到底怎么想?",直接就建议政府给补贴,其实不能解决问题。

我邀请了北京大学的赵耀辉老师和张晓波老师,共同撰写了《性别经济学视角下的生育政策建言》。赵耀辉是北京大学国家发展研究院的经济学教授,教育部"长江学者"特聘教授,也是中国女经济学者研究培训项目联合创始人。她师从已故芝加哥大学教授、1992年诺奖得主加里·贝克尔(Gary Becker),对中国劳动经济学的发展和女经济学家的培养,有着不可磨灭的重大贡献。张晓波老师也是北京大学国家发展研究院的经济学教授,兼任国际食物政策研究所高级研究员,还是中国留美经济学会的前任会长。

在这篇建言中,我们更关注间接和不确定性成本。引用相关经济学研究,计算出在中国,仅由于女性要放弃的职业机会,就相当于57万元的"生育惩罚",这个数字比《中国生育成本报告2022版》计算的直接成本(48.8万元)还要高。换句话说,生育的直接和间接成本的总和高达105.8万元。想解决低生育率问题,更要关注女性职场、家务劳动和带孩子的平衡问题。

这篇文章在2023年得到更多关注,因为2023年的诺贝尔经济学奖授予关注女性劳动力市场研究的哈佛大学教授克劳迪娅·戈尔丁。2019年,我写了一篇关于"生育惩罚"的文章,"生育惩罚"的话题就是她推荐我关注的。所以,严谨科学的经济学研究,而非口水大战和博眼球,才是政策制定的应有参考。这更加坚定了我要科学地探讨性别话题的初衷。

戈尔丁获诺奖对我激励非常大,这也是我决心把《性别经济学》出版成册的直接原因。获奖当天我向她祝贺,并告诉她,有时我会反思离开学术界是不是个错误,也在反思没有坚持做性别经济学的研究是不是个遗憾,但承诺我一定会继续以不同方式给这个领域做出贡献。

三个小时后我收到她的回复和感谢。后来才知道,她当天收到了世界各地1 600多封贺信,其中一位女性写道,"代表全世界所有的母亲、外祖母和祖母、姐妹和女儿,感谢您的研究证实了我们知道的真相"。戈尔丁说,通过这些"快乐、喜悦、欢欣鼓舞的信息,我获得了我的超能力"。

这本书就是我贡献的其中一种方式,希望用理性和科学的态度跟大家探讨性别议题,以及性别平等对男性和女性有哪些好处。

希望这本书可以像我很喜欢的《魔鬼经济学》一样，既能体现经济学的严谨性，又能用生动有趣的语言探讨生活中的各种情况。比如，作者史蒂芬·列维特用Match.com网站上的数据来看恋爱市场中的男女需求有什么规律及不同。用户把自己的信息上传到该网站，包括年龄、收入、受教育程度、身高、照片等，然后可以互相发私信，聊得来就会线下约见吃饭。列维特很想知道，什么样的女性会收到更多的私信？他的研究发现，相比其他女性群体，即便是高中没读完的金发女郎收到的私信数量也会和有大学学历的女性收到的私信数量一样多。从这个角度来看，花40美元去染头发，和每年花4万美元读本科，其效果是一样的。当然，短时期内的私信数量与恋爱、婚姻以及未来的生活不能直接画等号，更何况教育在其他方面还有很多投资回报。但是20世纪80年代以前，在加里·贝克尔教授开始探讨家庭经济学之前，经济学家们是不会考虑从这个视角进行研究的，他们似乎认为只有产业发展、企业竞争和经济增长才是经济学研究应该关注的。

把经济学更科普化的网红经济学家列维特和詹姆斯·赫克曼（James Heckman，同校的诺奖大神）最近公开对立，各种校内八卦层出不穷。我2024年3月和其中一位在北京吃晚饭时听他热情洋溢地分享了好多故事。无论列维特关于女性堕胎法案降低长期犯罪率的那篇研究是否被当时的美国民主党政治化,他的《魔鬼经济学》把经济学知识更深入浅出地带入每个人的生活里——这是令人仰慕的巨大贡献。

本书探讨的话题覆盖了人生几乎所有的重大决定,从时间顺序上看,分别是教育、工作、结婚(包括离婚)、生育等。从义务教育到高中,到决定要不要读大学、研究生、博士,要不要中间先出来工作几年再回去继续学习。毕业后在职场上有什么注意事项,包括创业的一些话题。结婚后要不要生孩子,要不要离婚,都是穿插在人生中的重大决定。

这些女性关注更多的议题,需要性别视角的经济学。可保罗·萨缪尔森的经典《经济学》,整整1 187页,谈论对女性的经济歧视篇幅却只有半页。

这些年我也参加并组织了很多性别相关的活动。例如,创立全球八国大使(夫人)G8论坛,从八位驻华女大使开始,一直增加到现在十几家使馆和商会,正在考虑扩充到G20。

我在2015年策展了TEDxChaoyangWomen,请来了各行各业的女性领军人物并分享她们的观点。从风口浪尖沉寂后勇敢归来的伊能静分享"活出自己的女人"(她当时刚幸福再婚,跟大家分享每个女性除了是妈妈,还是你自己),到组织流动女工一起团结成长的丁当(恭喜丁当当选世界经济论坛2024届全球青年领袖),从国际上最著名的中国现代艺术家曹丹,到登山探险家兼探路者联合创始人王静,分享脆弱与勇气的极限挑战故事……大家可以在网上搜索TEDxChaoyangWomen专题观看更多当天的演讲。

2015年5月30日下午5点,全场掌声、叫好声此起彼伏,我知道,我们成功了。一个半月的筹备,即使其间经历过各种心酸和狗血的事情,我们最终还是办成了,而且效果很棒。让我不谦虚地引用乔布斯的那句"那些总觉得能改变世界的疯子,最终都成功了"。①

活动结束后,很多朋友跟我说那场活动带给他们很大的震撼,有抱着我激动雀跃的,有抱着我哭的。有个朋友听完以后特别激动,去旁边广场转了4个小时,心情久久不能平静。有好多人因为这个活动改变了自己的某些决定,比如职业规划。所有这些故事都让我觉得,我们做的东西,的确可以非常有意义。

我自己亲历和见证过许多比好莱坞剧本更跌宕起伏、更精彩的生活经历,更加意识到原来男尊女卑是如此深刻地刻

---

① The people who are crazy enough to think they can change the world are the ones who do. —— Steve Jobs

在我们的骨子中、脑海里。当面对几千年沉淀的所谓事情就该如何如何,渺小和无助的个体一不小心就容易被"社会就这样,人生智慧是学会接受""我是过来人,都是为你好""女人就应该……"之类的声音淹没,直到彻底失去自我。

我非常懂得,在很多时候我们会觉得不太敢或者不确定。从微观角度,我们可能选择忍让以换取更多的平静,但在宏观角度,从经济学、社会学的角度,我们看到全球范围内的女性力量越来越重要。

我们正在从传统的"男主外女主内"的均衡过渡到性别平等的新均衡,这是一股很大的时代潮流。我们怎么让转折更平和一点,来得更早一点?

希望更多人可以看到,女性进步和性别平等是历史大势。问题是我们怎么给大家更多的希望和勇气,可以让大家知道还有很多人和自己一样,那我们就不会再担心,不会再害怕,不会再觉得孤单,不会再觉得只有自己在一片黑暗里面。

我希望,在读这段文字的你能够知道,世界上还有成千上万像你一样,愿意去追求自己的梦想,愿意对不合理的说法说不,愿意让自己和世界更美好一点的人。

那些我们经历过的不公平和不愉快,都会变成坚定的力量和支持我们飞翔的翅膀。

我有一个女儿,很希望在她长大的时候,这个世界能够变得更平等。如果她们不得已遇到性别歧视,可以挺直腰板说不,而不是觉得好像是自己的想法错了,或者被劝说"就忍忍吧"。女性独立,不是非要女性成为所谓的女强人,而是要让女性有能力,有底气,尤其是有选择的权利和能力。

谢谢每一位读到这本书的你。感谢你愿意阅读这些文字。希望可以和你们一起,为我们自己,也为我们的孩子创造一个更加美好的性别平等的世界。

希望以这本书跟大家分享一些理论、信念和不同的视角。希望在做人生重大决定的时候,借鉴历史和他国的经验,可以给大家提供一些科学和理性的参考,提供一些宏观和大数据的角度。

在做重大决定,例如教育、工作、结婚、生育或离婚时,只要有一个人看了这本书,改变或帮助了他/她的想法,未来回头看仍觉得是正确决定的话,本书的出版就非常有意义了。

刘倩

5月31日于尼泊尔杜利凯尔

第一章
教育和性别经济学

写给女性的十大经济学原理[*]

导语 哈佛大学经济学教授格里高利·曼昆（Gregory Mankiw）在其《经济学原理》中提出十大经济学原理。这是经济学领域全球销量最高的书之一，是经济学本科生的经典入门教材。可经典经济学教材都是男性经济学教授们写的，我用女性更相关的视角举例来诠释经济学十大原理。

经济学在中文和英文中的概念、意义是不一样的。中文"经济"两个字来自"经世济民"，世界、国家变好了，每一个公民个体也会更好。

---

[*] 感谢李一诺之前的邀请，为诺言社区的朋友们分享了一堂给女性的经济学原理课。本节是基于当时分享的文字整理。

英文单词economy源于古希腊语，意思是"管理一个家庭的人"，即每个家庭的资源都有限，如何在有限的资源下更好地管理。这里包含了经济学两个最基本的概念，稀缺性和效用。

稀缺性，曼昆直接将它定义成社会资源的有限性，经济学是研究社会如何管理自己的稀缺资源的。简单来讲，一个家庭只有100块钱，那食材是买鱼还是肉，甜点是巧克力还是冰激凌，你需要在有限的预算里做出选择。

效用，在经济学里，可以理解成利益最大化，也可以是幸福最大化、快乐最大化。这几个词也各自不同。钱可以买来舒适，但不一定能买来内心的充盈和幸福。简单来理解，效用最大化就是最大程度地满足自己的需求。

需要注意，效用是不可与他人比拟的。有的人享受婚姻，有的人单身更快乐，而他/她的快乐别人是不懂的，因为每个人对幸福、效用的定义不同。我们唯一能比的，是比较自己在做不同事情的时候，哪个效用更高。例如，今天是否比昨天快乐，工作是否比躺平充实，旅游是否比读书更开阔视野。

在展开十大原理前，我先简单介绍，为何要从女性视角谈经济学。

有朋友问，很多女性更关心恋爱、婚姻、生育领域，这么说是否带有歧视或不公平的色彩？答案是也不是。

先说不是的一面。从经济学的发展看，宏观经济学发展在微观经济学之前，更多关注社会经济的增长，行业或企业的发展。过去几十年经济学才对微观领域有更多关注，特别是以家庭为单位的微观研究。所以普遍的情况依然是，男性外面赚钱，女性顾家。女性自然关注更多婚姻、生育等相关话题。

很多时候男女分工，关注的事情不同，这是由传统、文化、社会的刻板印象造成的。大家习惯性地认为，女性就应该学习洗衣做饭，不适合做工程师；男性就应该出门打拼，不适合当护士或幼儿园老师，等等。这些都带有性别歧视。

接下来，我用家庭、婚恋、生育等案例，分享经济学十大原理。

原理一　权衡取舍

人们都面临权衡取舍，这跟稀缺性密切相关。经济学的底层逻辑就是预算约束，也即预算是有限的。每个人的时间是有限的，钱也是有限的。你胃口的大小是一定的，这顿吃了牛排，就吃不下鱼香肉丝。今天你选择去迪士尼，就没有时间再去海洋公园。没有任何一个人能拥有世界上所有的时间和金钱，也不能拥有所有你想要的资源。

例如，很多女性试图达到事业和家庭的平衡，我想说，任何女性都达不到平衡。当然，任何男性也达不到平衡。大家习惯不问男性该问题，这本身就是性别不平等的体现，似乎默认了男性的事业和家庭可以平衡。传统的性别分工和意识其实对男性也有很大的压力。

真正的平等，长期的两性和睦需要双方真正的相互尊重。

所以，不是说女性怎么达到平衡，而是我们怎么帮助女性和男性一起达到事业和家庭尽可能的平衡。既然任何人都不可能达到平衡，关键是我们怎么去找到一个相对的平衡，解决的方法不仅仅是为了女性，而是对男性和女性都有好处。其实，更重要的不是让每个个体都达到平衡，而是让大家有选择的权利。我们看到，现在有的招聘条件中规定不要女性，或者护士、幼儿园老师不要男性。我希望大家都有选择的权利，不会因为你是女性就不能去工作，同样，不会因为你是男性，就不能待在家里带孩子。

要达到整体平衡，关键就是每个个体都可以有选择的权利。当大家有了这样的相互平等和尊重以后，宏观上就可以实现更好的事业和家庭的平衡、社会的和谐以及经济的增长。

再深一层，我们常常面临效率和公平之间的取舍。以家庭分工举例。家庭经济学领域最著名的经济学家是已故芝加哥大学教授加里·贝克尔。他最重要的成就，就是把传统上的宏观经济学研究放到了家庭等微观层面。他有一篇文章《人力资本、精力和劳动的性别分工》（Human Capital, Effort, and the Sexual Division of Labor），关注家庭劳动的性别分工。比如，拖地、洗衣服、赚钱、照顾孩子等是男性还是女性的工作。

这纯粹是从效率的角度考虑。例如，国际贸易里的分工就是重点考虑贸易双方更适合什么，更擅长什么。一个家庭如果选择生孩子，很多事情只有女性能做，比如只有女性有子宫，只有女性能哺乳等。从分工和效率的角度看，男性就要出去赚钱，保护这个家。就像远古时期，男性在打猎的同时要保护妇女儿童，女性主要在家带孩子。这也是传统性别分工的重要原因。

家庭里的性别分工，主要分为两大部分，一是家务活，二是孩子。现代社会，很多家务活都可以外包出去，或者雇人到家里打扫收拾。但关于孩子的很多事是外包不出去的。爸爸可以洗尿布，但是，爸爸生不了孩子，所以从分工和效率的角度看，男性出去赚钱，女性在家生养孩子，是最有效率的。

然而，这不是最公平的分工。因为很多时候女性并不喜欢或享受生理上的比较优势。有子宫,并不代表一定比男性更喜欢孩子、更享受陪伴孩子。所以效率和公平,很多时候是矛盾的。

再讲一个效率和公平的权衡取舍——共同富裕。

这个概念非常有意义,之前的政策让一部分人先富起来,那些更愿意去努力,或更聪明的人,先获得更多回报。但是,如果社会收入差距和贫富差距太大,就会有很多社会、经济各方面的新问题涌现。[①]经济发展到一定程度,我们就必须在效率和公平之间取舍。只考虑公平,完全刨除效率,也不行。就像以前吃"大锅饭",所有人得到的都一样,那我为什么要比其他人更努力?

这种情况下,社会就没法发展。所以我强调在效率和公平之间找到平衡,这不仅对社会、经济、政治的发展很重要,对每个家庭的和谐也是如此。

原理二　成本是为了得到它所放弃的东西

经济学里有一个重要概念叫机会成本(opportunity cost),是指为了得到某种东西要放弃的其他东西。举个例子,你上大学要付学费、生活费,这是直接成本。但同时

---

① 皮凯蒂的《21世纪资本论》很好地探讨了全球收入不平等的问题。

还有你看不到的机会成本，是什么呢？就是读书的时间，这些时间本来是可以去打工赚钱的。所以成本不仅包括直接支出，还包括同样时间下我能（但放弃）做的其他事情。

对女性来说，有两大机会成本：一是工作和读书之间的权衡，另一个是工作和生育之间的权衡。

早些年有种说法，说世界上有三种人：男人、女人、女博士。后来又说有四种人：男人、女人、女博士，以及敢娶女博士的男人。20～35岁这段时间，是学习、工作还有生育的黄金时期，你专注其中一项就很难变成其他方面的专家。这三件事情，你的优先级是怎样的？

我国生育率断崖式下跌，很多男性经济学家研究为什么大家不愿生孩子，得出的结论是因为成本越来越高，奶粉越来越贵、房租越来越贵、孩子的教育越来越贵，等等。有研究指出，抚养一个孩子到18岁平均需要48万元。

但这种算法只考虑了直接成本，完全没考虑更重要的机会成本。对女性来讲，对家庭来讲，生孩子的决定，要考虑的绝不仅仅是这些看得见的直接成本，而是大量其他看不见的间接成本。比如，女性生育和休产假会影响她的职业发展。

本书第四章会专门探讨"生育经济学"，其中会提到"生育惩罚"的概念。国际上有许多经济学研究发现，女性生育一个孩子的间接成本约为收入的20%。借用这个数字，我国女性生育的机会成本高达57万元，比直接成本还要高。我举这个例子是想说，机会成本是非常重要的概念，如果大家讨论生孩子很贵，千万不要只讲奶粉钱和房租，还要考虑机会成本。

原理三　理性人考虑边际量

关于边际（marginal）这个词有一个简单的笑话。有一个人饿了。他吃了一个馒头，还觉得饿；吃了第二个馒头，还不饱；吃了第三个、第四个，终于心满意足了。有人问：你一开始选择吃第四个馒头不就够了吗？

这就是典型的对边际一词没有概念的笑话。不是第四个馒头本身能够充饥，而是前面三个馒头打好了基础，凸显第四个馒头的满足感最强。

再比如，年轻时谈恋爱，爱得死去活来，分手时觉得世界崩塌，离开他/她就生不如死。尤其是初恋，分手的后劲非常足。但后来你步入大学和社会，谈过几次恋爱后，分手的感觉通常就不再那么强烈。初恋分手的体验之所以和后面几次不一样，就在于边际效用的不同。

原理四　人们会对激励做出反应

激励，也是经济学里面非常重要的概念。

跟经济学家聊天，不论他说了多么高深的事情，只要回他一句,"都是激励的结果",就会显得你非常专业。

例如,这几年出台的离婚冷静期规定,让你多考虑30天,通过增加的麻烦和成本,让大家冷静一下,从而不离婚。政策初衷是希望减少冲动离婚带来的伤害,但实际的结果可能包括,大家觉得离婚很麻烦,那将来结婚就更加谨慎。

比如你在电商网站上看中了一双鞋,价格不菲,但只有穿上才能知道合适与否。现在有两个商家,卖的东西完全一样,一家说你买了很难退,手续很麻烦,另一家说你买了随时退,你会从哪家买?正常情况下,大家都会选择第二家。

但现在只有第一个商家。一双很贵的鞋,退鞋很麻烦,还有风险,那大家很可能就不买了。离婚冷静期这个规定的初衷可能是好的,但到底是降低还是提高了结婚率和离婚率,尚需要一段时间去观察。

原理五　贸易可以使每个人的经济状况变好

贸易与经济学另外一个高频词汇有关,即比较优势。例如,荷兰盛产郁金香,中国擅长做人工智能(AI),然后两边进行互补贸易。而不是说荷兰或者中国又种郁金香又做AI,这样大家的效率都降低了。

从性别角度来考虑这条原理,有一个家庭分工的简单方法，就是按谁更喜欢或更合适来分工。有的人更喜欢做饭，那做饭就由他负责。这样既能保证效率，也很公平。

另外一个角度是，在恋爱或婚姻里，你能得到的效用是多少。效用包括了情绪价值，两个人的相互理解，能提供对方需要的东西。很多时候大家说我爱你，不是以我觉得对你好的方式去爱你，而是我以你希望被爱的方式去爱你。

比如一对情侣，女生喜欢和朋友在酒吧看足球，男生又安全感不强，总是喜欢发短信催女生尽快回家。两个人各自的初始效用都是100，女生拿出1点自己的效用，抽一分钟回复男生，就能让男生觉得女生在看足球的时候还会抽出时间回短信，一定很在乎自己，于是得到更多的安全感和幸福感。他的效用从100变成了200，可能还会给女生做一碗热汤面。看完足球回家有美食，女生的效用从99变成了200。这样两个人良性循环，整体效用就会变高。两人的效用从原来的200（100+100）变成299（99+200），再到400（200+200）。

同样，女生每四年才看一次足球赛，那几天她需要得到男生的支持。对男生来讲，四年才一次，那就从他100的效用里拿出来1点，让女生的效用也能从100变成200。

减去刚才每个人拿掉的1点效用，现在两个人结合后，每个人的效用从100变成了199。这就是很好的贸易和分工。这样的爱的交流和互动，就会让每个人变得更好；爱的贸易交换，就更成功。

原理六　市场通常是经济活动的好办法

市场经济的直接定义是，当许多企业和家庭在物品和劳动力市场上相互贸易时，通过他们的分散决策来配置资源的经济。

男女在选择配偶时都是理性的，经济学用词是匹配（matching）。各自找到最适合自己的，这其实也是一种市场经济。所以经济学有个词，叫婚姻市场。

有篇很有意思的文章，是哥伦比亚大学教授莉娜·埃德隆德（Lena Edlund）写的《卖淫的理论》（A Theory of Prostitution）。她发现卖淫（无论男女）的时薪远大于普通蓝领阶层的劳务报酬，于是她就去分析为什么。

从长期市场的角度看，高出来的那部分工资是要弥补很多事情的。例如这种行为吃的是青春饭，随着年龄增大，工资会减少，而其他工作的工资则普遍是随年龄的增长而增长，因为技能提升了。此外，如果卖淫者将来成家，可能通过婚姻得到的效用也是更低的。所以卖淫市场上的高工资，是一种补偿。

这些都说明，要让市场经济发挥更高效率，不能只简单短期地讨论为何某些职业收入更高。让市场发挥作用，就会发现很多可能忽略的问题。

原理七　政府有时可以改善市场结果

原理六强调市场经济的重要性。市场经济和计划经济是两种截然不同的思路和理念，但在实际操作中，很多时候我们要找到结合点。

为什么100%的市场经济不好呢？这涉及外部性和公共品两个概念。

例如，一个工厂的生产活动会产生大量污水，工厂把污水排出去就和它没关系了。但是污水会影响环境，这就是工厂的外部性，而且是负外部性，工厂经理不需要直接负责任。

再比如，烟花非常漂亮。烟花有正外部性。如果居委会到你家询问，放一场烟花需要100块钱，而你只有一块钱，那你就放不成烟花，毕竟村子里面的100户人家谁都没有这么多钱。只单独询问某一户的话，市场经济是不成立的。但如果居委会把大家集合在一起，通过收税或协调的方式，共同去影响市场，最后每户都出一块钱，我们就可以凑钱看烟花。所以，政府有时候是可以成功修正市场的。

再比如生育。如果让每个女性自我权衡，她可能担心既要工作，又要做家务，还要带孩子……即使再喜欢孩子，多次生育都是非常有压力的。这时政府就可以增加父亲产假，同时引导父亲休假期间不是躺在家里玩游戏，而是帮忙干活。这些都是政府可以去引导的。

要强调的是，政府可以改变市场结果，并不意味着所有的集体性改变都是好的。比如离婚冷静期，它的出发点是好的，但结果不一定。因此，我们要综合多方面考虑问题。

原理八　一国生活水平取决于它生产商品与提供服务的能力

这里最重要的经济学概念是生产率，即每单位劳动投入所生产的物品与服务的数量。

在经典宏观经济学里，一个国家或经济体的发展有四大要素。第一是劳动力。人口红利非常重要，人多，生产的就多。第二是资金。资金很重要，投资是需要资本的。第三是土地，生产总要有厂房。有了人，有了钱，也有了地，第四就需要技术。很多时候，我们可以把前三者想象成直线型的发展，你投了多少，就得到多少相应的回报。但技术可以带来指数型增长，所以技术非常重要。

关于投资，我一直推崇一个概念：最好的投资是投资自己。这是教育或者人力资源的投资和回报。下一篇文章我会提到，从全球范围看，过去40年来，平均多读一年书，未来每年收入会增长8.8%。而相比之下，美国过去50年的股票和债券收益率平均为2.4%。所以，投资自己的教育、自己的成长，回报是非常高的。

不仅如此，一块钱投资在男生和女生身上，后者的投资回报率更高，达到10%。所以，不管是女性，还是说在乎女性的男性们，如果你有更多的钱，请投资在女性身上吧，这对你自己、对全家、对整个社会都非常有益。

原理九　当政府发行过多货币，物价会上升

这点其实很好理解，就是我们通常说的通货膨胀。经济学经常引用的例子是"直升机撒钱"。如果政府开着直升机撒钱，每人都多了100块钱，其实相当于没有人多任何钱。因为我们多出来的数量是一样的，只会让所有物价都更贵。国家统计局每月发布相关数据报告，会说通货膨胀、CPI（消费价格指数）涨了多少。还有货币供应量这个词，不论是M1还是M2，都很重要。当货币供应量上升，就会有一定的通货膨胀，换句话说就是钱贬值了。它可以体现在猪肉价格中，也可以体现在房租或手机价格中。所以，表面上工资变多，但花钱时会觉得能买到的东西变少了。

原理十　社会面临通货膨胀与失业之间的权衡取舍

政府可以通过一定的经济刺激，让企业更愿意投资。以贷款为例，如果将来要还给银行的钱更少，那我就更愿意贷款。经济更好，企业发展就更好，就需要雇用更多的人，从而降低了失业率。它的前提是货币量更多，通货膨胀也更高。通货膨胀和一定的失业之间要进行取舍，一定程度的通货膨胀是可以接受的。

例如，欧洲特别看重通胀，尤其是德国，因为历史上出现过恶性通胀，所以德国非常不喜欢通胀，设了2%的上限。

女性教育投资,稳赚不赔*

导语 世界上是否存在低风险、高回报、稳赚不赔的投资?答案就是教育投资。

乔治敦大学的萨卡罗普洛斯(Psacharopoulos)和世界银行的帕特里诺斯(Patrinos)研究了过去60多年全球的教育投资发现,平均多上一年学,未来工作时每年收入会提高8.8%。这是相当高的投资回报率。相比之下,美国1966—2015年股票和债券的年平均收益率仅为2.4%。[①]

本节会引用大量经济学文献表明,女性教育投资的益处多多:

提升女性自己的收入;

提高丈夫的收入和寿命;

增强孩子的身心健康和学习成绩;

---

* 本文作者刘倩、赵鸿潮、许默焓。赵鸿潮,女,经济学博士,"性别经济学"微信公众号编辑总监。许默焓,经济学博士,辽宁社会科学院城市发展研究所助理研究员。

① 该数据来自纽约大学达莫达兰教授的研究。

促进国家的经济增长和社会发展；

……

在投资教育的收益率高于股票债券的前提下，萨卡罗普洛斯和帕特里诺斯发现，不论是发达国家还是发展中国家，女性教育投资的收益率都普遍高于男性，平均高出两个百分点，并且二者的差距仍在不断扩大（见图1.1）。

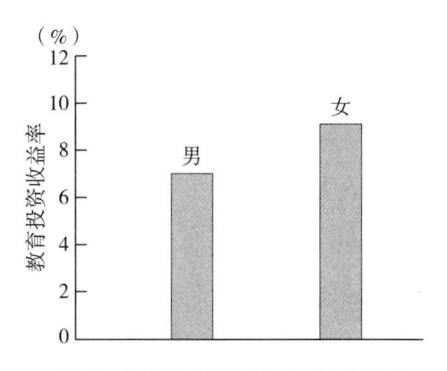

图1.1 按性别分的教育投资收益率

这个结论告诉我们两件事情。第一，女性的教育投资回报率接近10%。所以，如果你正在选择是要继续读书还是投入工作，是用积蓄来接受职业培训还是投资买基金，请记得，多读一年书，未来每年收入会增加很多。

第二，我们应该继续增加对女性的教育投资。提高对女性的教育支出，对整个国家的投资收益和经济发展都是百利而无一害的。

更有意思的是，女性受教育程度增加不仅能提高自身的收入，对丈夫的收入也有促进作用（见图1.2）。这不全是因为高学历女性更有可能结识优秀的男性。勒夫格伦和麦金太尔（Lefgren and McIntyre，2006）研究了美国2000年人口普查数据，发现在男性条件相近的情况下，妻子的受教育年限每增加一年，丈夫的年收入对应增加4 129美元，约等于样本平均年收入的18%。

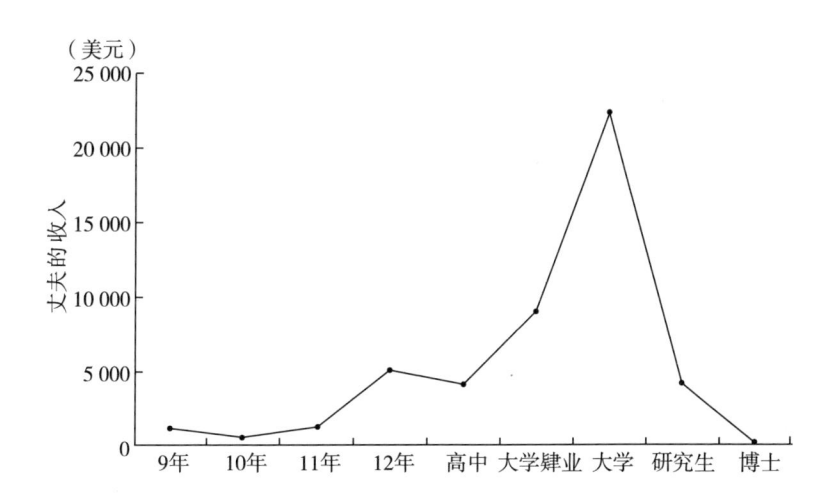

图1.2 女性受教育水平和丈夫收入的关系

从图1.2中可以明显看出有大学及研究生学历的女性对应的丈夫年收入增长幅度最高。

勒夫格伦和麦金太尔提出，教育水平较高的妻子可以减少丈夫的后顾之忧，也会激励丈夫的自我提升。

妻子学历越高，对丈夫的收入提高就越大（见图1.3），高中学历及以上尤为明显。例如，与本科学历女性相比，研究生学历女性的丈夫收入最高10%群体的平均年收入水平比前者丈夫相应组别高出113 000美元，年均约74万元人民币。

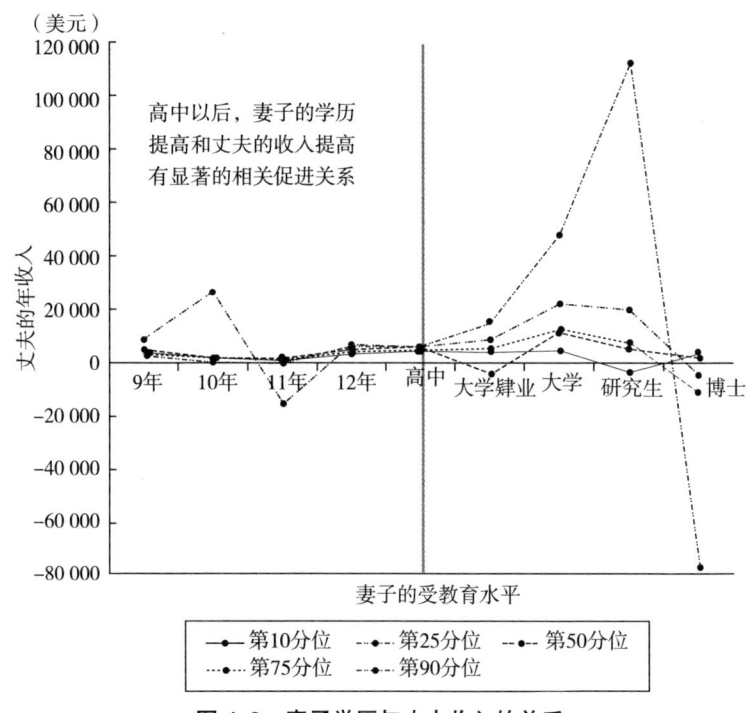

图1.3　妻子学历与丈夫收入的关系

对于收入最高10%的丈夫群体，本科和研究生学历的妻子和这组高收入丈夫群体有最高的相关性。对于收入最低

10%的丈夫群体，高学历、取得博士学位的妻子都和这个丈夫群体相关性最低。高学历和博士学位，会让女性和最低收入男性结婚的可能性最大程度地降低。换句话说，高学历极大地避免了女性进入最差婚姻的可能性。

当然，这是纯收入角度的探讨，并不代表婚姻的质量。例如，拥有博士学位的妻子自身的收入水平也是最高的，可以减少家庭的财务负担，可以使丈夫减少工作的时间或从事更愉快但收入较低的职业。

以上讨论的是教育和收入之间的关系，也是传统经济学讨论教育投资回报率的研究方法。近年来，更多的研究开始关注广义的教育收益，包括健康、寿命、下一代的学习成绩，等等。

高学历对健康和寿命都有积极影响

女性接受教育会从多个方面影响自己、丈夫和孩子，如健康与寿命，原因主要有以下四类：获取信息能力增强、处理和理解信息能力提升、拥有更高的收入水平，以及拥有更健康的工作环境和生活方式。

普林斯顿大学列拉斯-穆尼（Lleras-Muney，2005）教授利用美国义务教育法改革，研究了受教育年限对成年后死亡率的影响。她发现平均每多上一年学，十年内的死亡率会下降至少3.6个百分点。

接受更多教育可以让人获得更多健康知识，尤其在理解和应用新式或复杂的医疗技术、治疗方案等方面具有优势。此外，更高收入也意味着有机会接受更好的医疗服务。健康的生活方式可能也是一个重要因素，例如桑德尔（Sander, 1995）发现接受教育极大提升了戒烟的概率。

托桑德尔和艾瑞克森（Torssander and Erikson, 2009）教授从死亡原因记录中收集了瑞典1991—2003年间因癌症和循环系统疾病死亡的样本数据，估算不同人群的相对死亡风险。剔除其他可控的因素后，他们发现女性受教育水平每提高一个等级（例如高中比初中高一级），死亡风险就会降低5%，并且伴侣的死亡风险会降低3%。也就是说，学历越高的女性，自己和伴侣（因癌症和循环系统疾病）的死亡可能性都会降低。

相比之下，男性死亡风险受自身教育水平的影响程度要低于受妻子教育水平的影响。同时，男性的教育水平与他们伴侣的死亡风险之间没有显著的关系。研究者们提出，除了接受高等教育的女性可能会掌握更多健康和急救知识，传统家庭中女性比男性承担了更多家庭责任，对家庭生活方式和丈夫的职业选择都有更重要的积极影响。

母亲教育水平对孩子出生时的身体状况以及幼儿时期

的身高等健康指标也有积极影响。柯里和莫雷蒂（Currie and Moretti，2003）的研究发现，女性额外接受一年教育，她们生产时出现低出生体重儿（出生时体重小于2.5千克的婴儿）的概率平均降低约10%，早产的发生率平均降低约6%。

柯里和莫雷蒂认为，这是因为高学历女性掌握更多与产前保健有关的知识，例如科学备孕、减少吸烟、定期产检等，她们有条件也更重视产前保健，更容易生出聪明又健康的宝宝。

邓肯等人（Duncan et al.，1991）利用巴西的人口与健康调查数据，研究了父母的受教育水平如何影响幼儿（5岁以下）的身高。研究发现，母亲的受教育程度主要通过提升获取和处理信息的能力来影响孩子身高，而父亲主要是通过增加收入影响孩子身高。特别是在农村，母亲平均多上一年学，孩子在幼儿时期的身高相应增加0.5%；而父亲多上一年学，孩子的身高仅增加0.14%。

母亲学历对孩子的认知能力和学习成绩也有重要影响（见表1.1）。莱博维茨（Leibowitz，1997）研究发现，在孩子的成长过程中，学历高的母亲不仅会花更多的时间陪伴孩子，她们也更有可能通过给孩子讲故事等活动提高陪伴的质量，这些都有助于提升孩子的认知能力。

表1.1　父母受教育水平对子女成绩的影响

	初中及以下	高中	大学及以上	初中及以下	高中	大学及以上
语文成绩	−0.0012	−0.0010	0.0134*	0.0038	0.0049	−0.0052
	(0.0077)	(0.0045)	(0.0061)	(0.0069)	(0.0046)	(0.0064)
英语成绩	−0.0065	−0.0043	0.0165**	−0.0024	0.0025	−0.0025
	(0.0081)	(0.0046)	(0.0061)	(0.0073)	(0.0047)	(0.0063)
数学成绩	−0.0064	−0.0008	0.0161*	−0.0035	0.0045	0.0031
	(0.0074)	(0.0048)	(0.0070)	(0.0069)	(0.0048)	(0.0074)

*代表在统计意义上显著。

我和斯坎斯（Liu and Skans，2010）研究了瑞典产假制度改革（从15个月延长到18个月）对孩子学习成绩的影响。我们分析了1987—1989年（产假制度改革前后）出生的孩子在16岁时的学习成绩，发现只有高学历（大学及以上）的母亲多休产假对孩子长期学习成绩有显著的正向影响，而父亲多休产假，或低学历母亲多休产假，都没有明显影响。

我们当时对此结论的措辞十分谨慎。仅从孩子16岁时的成绩这个角度出发，政策可以额外鼓励支持高学历女性享受更长的产假。但从下一代的综合发展，包括心理因素、性别意识以及社会公平角度来看，我们还需更多的考量。无论是不同学历女性之间对孩子陪伴的公平性，还是男性休产假的权利和义务的重要性，都需要进行全面的平衡考量。

这就引出了一个十分重要的问题，高学历女性在职场和家庭的投资回报率都更高的情况下，应该把更多时间投入工作及经济发展，还是用于家庭和孩子的陪伴？

对女性自己来讲，无论如何选择，重要的是有了选择的能力和权利。知识就是力量，提高自身的教育投资，不断进行自我提升，女性就可以拥有更广阔的选择权和灵活度。届时，无论是选择工作还是回归家庭，甚至是离婚，都更有底气，拥有更多的选择权。女性能够更自主地决定时间和精力的分配，这本身就是生活质量的重大提高，是独立人格和生命自尊的重要保障。

对男性来说，女性拥有了更大选择权，也会让他们在生活和工作中拥有更多的选择。如果妻子选择把重心放在工作上，她可以和丈夫分担经济压力；如果妻子选择把重心放在家庭上，她可以成为丈夫坚强的后盾。因此，男性鼓励和支持女性接受教育，也会提升自身和家庭的幸福感。"男才女貌"这个传统说法，可以换成"男才女才"了。

从宏观角度看，无论女性最终选择工作还是回归家庭，都是对社会的重大贡献。例如在疫情中，保护我们的女医生、女护士对社会做出了巨大的贡献，在家里相夫教子的妈妈也同样为社会做出了贡献。因此，政府更多地投资女性教育会促进社会整体收益的提高（无论是对工作还是家庭）。

2022年我国教育经费占GDP的比例为4.04%，与2000年的2.56%相比已经有了很大的提升。但和其他国家相比，我们还有相当大的提高空间，还未达到OECD经济体2017年5%的平均水平（见图1.4）。[①]

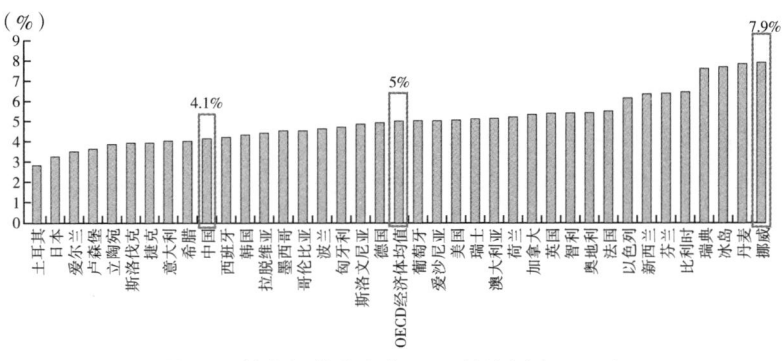

图1.4 教育经费支出占GDP的比例（2017）

1999年，李实和丁赛教授的研究证实中国高等教育的个人收益率明显高于初等教育，且高等教育平均年收益率的增长幅度要大于初等教育。

在中国经济达到新发展高度的今天，在人口红利逐渐消失的今天，在经济发展从量变转为质变的今天，投资教育、

---

① https://news.cctv.com/2022/09/27/ARTIjanDjNs8Q4MWZ5qSwlRG220927.shtml?spm=C94212.P4YnMod9m2uD.ENPMkWvfnaiV.1619。

提高教育红利更需要尽快提高优先级。如今，我们的政府也在致力于发展更加公平、更高质量的教育。

总之，无论是女性还是男性，教育永远是低风险、高回报、稳赚不赔的最好投资。特别是对女性来讲，教育投资回报率更高。

提示

女性的教育投资收益率高于男性，并不等于女性工资高于男性。

邓峰和丁小浩教授分析了我国的相关研究，"对于女性教育收益率高于男性的原因，仅有少数几篇文献讨论了这一问题。赖德胜（1998）认为，女性职工上学的机会成本比男性职工低，使用明塞尔收入方程估计的教育收益率只考虑机会成本而不考虑直接成本，因而会出现女性比男性高的现象。张俊森等（2005）则认为，教育收益率的估算只考虑进入劳动力市场的女性，而忽略了进入劳动力市场的女性能力较高带来的样本选择偏差，这会使女性教育收益率的数值偏高。还有研究者认为，女性教育程度的提高有助于降低她们在劳动力市场中受到的歧视程度，从而表现为女性的教育收益率高于男性"（刘泽云，2008；姚先国、黄志岭，2008）。

参考文献

[1] 刘泽云, 刘佳璇. 中国教育收益率的元分析［J］. 北京师范大学学报（社会科学版）, 2020（5）: 13-25.

[2] 杨滢, 汪卫平. 女性教育收益率真的高于男性吗？——基于CGSS2012-2015的实证检验［J］. 教育与经济, 2020, 36（3）: 87-96.

[3] 李实, 丁赛. 中国城镇教育收益率的长期变动趋势［J］. 中国社会科学, 2003（06）: 58-72, 206.

[4] 赖德胜. 教育、劳动力市场与收入分配［J］. 经济研究, 1998（05）: 42-49.

[5] 刘泽云. 女性教育收益率为何高于男性？——基于工资性别歧视的分析［J］. 经济科学, 2008（02）: 119-128.

[6] 姚先国, 黄志岭. 人力资本与户籍歧视——基于浙江省企业职工调查数据的研究［J］. 浙江大学学报（人文社会科学版）, 2008（06）: 57-64.

[7] Psacharopoulos G, Patrinos H A. Returns to Investment in Education: a Decennial Review of the Global Literature ［J］. *Education Economics*, 2018, 26: 445-448.

[8] Damodaran A. Annual Returns on Stock, T.Bonds and T.Bills: 1928 - Current. stern.nyu.edu. N.p., 2017. stern.nyu.edu. Web.

[9] Lefgren L, McIntyre F. The Relationship between Women's Education and Marriage Outcomes ［J］. *Journal of Labor Economics*, 2006, 24（4）: 787-830.

[10] Lleras-Muney A. The Relationship Between Education and Adult Mortality in the United States ［J］. *Review of Economic Studies*, 2005,

72（1）:189-221.

[11] Sander W.Schooling and Smoking [J]. *Economics of Education Review*, 1995, 14: 23-33.

[12] Torssander J, Erikson R. Marital Partner and Mortality: the Effects of the Social Positions of Both Spouses [J]. *Journal of Epidemiology & Community Health*, 2009, 63（12）: 992-998.

[13] Moretti C. E. Mother's Education and the Intergenerational Transmission of Human Capital: Evidence from College Openings [J]. *Quarterly Journal of Economics*, 2003, 118（4）:1495-1532.

[14] Thomas D. How Does Mother's Education Affects Child Height? [J]. *Journal of Human Resources*, 1991, 26:183-211.

[15] Leibowitz A. Parental Inputs and Children's Achievement [J]. *Journal of Human Resources*, 1977, 12（2）: 242-251.

[16] Liu Q, Skans O N. The Duration of Paid Parental Leave and Children's Scholastic Performance [J]. *The BE Journal of Economic Analysis & Policy*, 2010, 10（1）:3-3.

[17] Zhang J, Zhao Y, et al. Economic Returns to Schooling in Urban China, 1988 to 2001 [J]. *Journal of Comparative Economics*, 2005, 33（4）: 730-752.

后疫情时代的经济增长：教育、人才和性别

导语 投资女性教育，对整个经济增长和社会发展都有益。上篇从微观经济学的视角进行探讨，本篇从宏观经济学视角进一步分享。

先讲个很有意思的真事。新冠疫情防控期间，澳大利亚政府为帮助民众度过经济寒冬，决定允许民众可以提前领取部分养老金。之后，他们又民调了解提前取钱的人是如何花掉这笔钱的。

调查结果显示，提前领取养老金的男性，把钱用在赌博上的花费比之前提高了12%。

从图1.5中可以看出，男性在拿到钱之后，更多是用于偿还信用卡等债务，之后依次是买食物、赌博以及买车等。

相比之下，女性支出最多的是给自己和家庭成员购买必需品。

这个例子使我们看到让女性更多参与家庭决策、社会经济活动的益处。

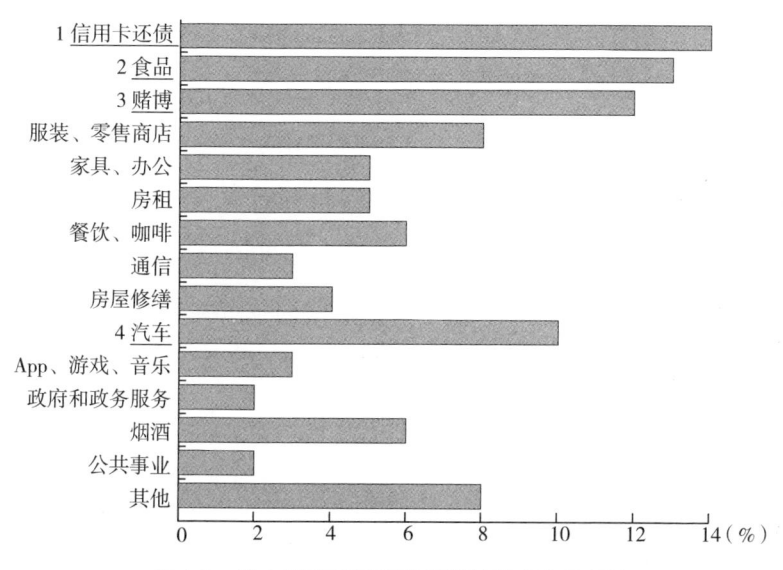

```
1 信用卡还债
2 食品
3 赌博
服装、零售商店
家具、办公
房租
餐饮、咖啡
通信
房屋修缮
4 汽车
App、游戏、音乐
政府和政务服务
烟酒
公共事业
其他
```

图1.5 澳大利亚男性提前领取的养老金的用途

然而，现实情况是，女性能做重大决策的情况少之又少，尤其在政府部门。美国前副总统迈克·彭斯（Mike Pence）曾在推特发了一张白宫关于新冠疫情的重要会议的照片。照片中一位女性都没有。

英国经济学家加里基帕蒂和坎巴迈帕蒂（Garikipati and Kambhampati，2020）调查了全球194个国家和地区的疫情防控情况。[1]经过对比，他们发现，平均而言女性领导的地

---

[1] Supriya Garikipati and Suman Kambhampati. Leading the Fight Against the Pandemia Does Gender Really Matter? [J]. *Feminist Economics*，2020，27：401-418.

区在新冠疫情的防控方面做得更好。比如，爱尔兰的病例是挪威的3倍，死亡人数是挪威的7倍。（遗憾的是，在这194个国家和地区中，女性领导者只占了10%。）

他们认为女性的特质，如同理心、同情心、倾听、合作等起到了重要的作用。而相比女性，男性的风险意识较弱。

这两个故事也表明，鼓励更多的女性积极参与到家庭和社会决策中，可以让我们每个人更受益。

希拉里·克林顿曾为《经济学人》年度特刊撰文，其中提到两个数字：6小时和1.7万亿美元。6小时是指印度女性平均每天从事的无偿劳动时间；1.7万亿美元是指如果印度女性像男性一样参与劳动力市场并从事同等劳动，那印度国内生产总值（GDP）会增加1.7万亿美元。按同样逻辑计算，如果中国女性和男性一样加入劳动力大军，中国GDP将额外增加5%，意大利将增加11%，埃及将增加34%。

因此，为女性教育和工作提供保障不仅符合女性自身的利益，更符合全社会经济发展的根本利益。

工作需要劳动力，即"labor"。Labor这个词可以翻译为劳动、劳动力、人、人才等。在西方经济学中，经济学无论如何分类，劳动经济学（labor economics）是主流经济学的一个重要分支，过去三年里的诺贝尔经济学奖，有两年都颁给劳动经济学家。只是遗憾基于种种原因，在中国还远远没有受到更多重视，未能发挥出它的潜力。

经济学经典著作《国富论》开篇第一段第一句话，谈的就是劳动力；经典宏观经济模型也指出，经济发展需要土地、资本、技术，还有劳动力。芝加哥大学经济学教授、诺贝尔经济学奖获得者詹姆斯·赫克曼在研究中国经济时，有一个重要结论，认为中国经济的快速增长主要得益于两点：

（1）中国大量的实物资本投资；

（2）改革开放之前，中国就已经拥有大量中等熟练的基础劳动力。

改革开放前，中国的中小学生入学率就已经非常高。1975年中国小学的入学率已经达到了96%，中学是60%。这在研究中国经济增长的相关文献里没有得到充分的重视。但是这值得我们去认真考虑，因为教育也是劳动力投资，这对于中国的经济发展至关重要。

赫克曼之前做过一个国际比较，分析各国对教育投资和实体投资（买房子、建工厂等）的不同。

他研究发现，起初中国教育投资占GDP的2.5%，实体投资占整个GDP的30%；而同一时期，美国教育投资占GDP的5.4%，实体投资占GDP的17%；韩国教育投资占GDP的3.7%、实体投资占30%。

这里的教育投资是指政府的投资，不包括私人市场和家庭投资，而家庭投资非常重要。例如，中国5%的家庭收入都投在教育上，相比之下印度的这一数字是4%、美国是2.5%、欧洲是1%。

斯坦福大学的李宏彬、罗泽尔、罗斯高和清华大学的吴斌珍（Li、Loyalka、Rozelle and Wu，2017）四位教授研究了人力资本和中国未来经济发展的关系，提出中国需要增大有大学学历的劳动力大军，并且提高大学教育的水平，既要有量，又要有质。①

他们研究发现，平均来讲，受教育年限每提高0.1年，国家的人均收入可以提高2.6%。再加上教育质量的提高，作者们认为，跟教育相关的中国人均GDP增长率可以在接下来20年里保持年均3%的增长（见图1.6）。

某年博鳌亚洲论坛的闭门晚宴上，我有幸和吉米·罗杰斯（Jimmy Rogers）、林毅夫等资深前辈同台分享并探讨中国及全球局势，作为圆桌晚宴十几位嘉宾里唯一的女性，我在探讨传统宏观经济学之外，也加入了性别的视角。特别是从劳动力的角度，强调教育投资、女性投资是未来经济高质量发展的重要因素。

---

① Honghin Li, Prashant Loyalka, Scott Rozelle, Binzhen Wu. Human Capital and China's Future Growth [J]. *Journal of Economic Perspectives*，2017，31（1）：25–48.

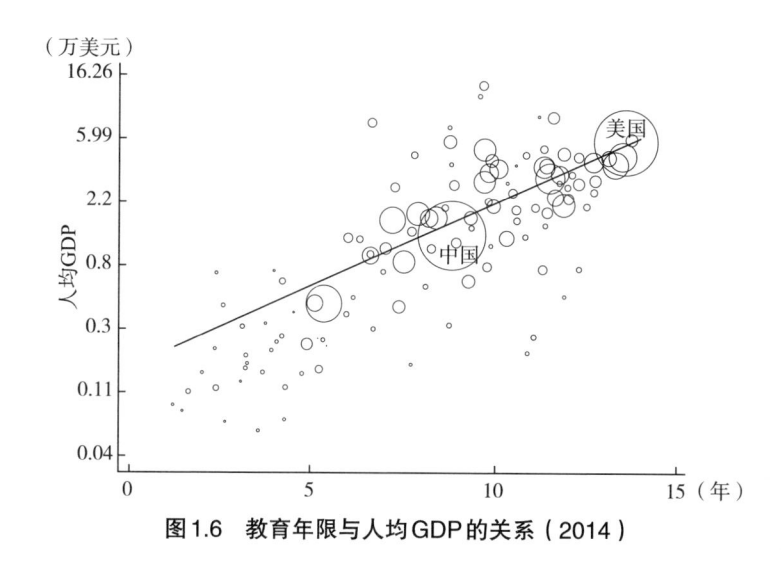

图1.6 教育年限与人均GDP的关系（2014）

宏观经济有四大主要要素：劳动力、土地、资本和技术。我国这些年的发展，尤其是中低端制造业的快速发展很依赖的重点之一就是劳动力优势。现在进入高质量发展阶段，劳动力的技能更需要快速跟上。因为教育投资周期长，对青少年的教育投资在10年甚至20年之后才能看到回报，因此教育对我国经济的可持续发展非常重要。对女性的重要性，在上一篇文章也有具体介绍。

虽然本节是从宏观层面进行探讨，但我在这里想分享一个具体的微观故事。我有一位海归前同事，经济学女博士。她刚开始工作时薪酬待遇相当不错，但在北京没房没车。一次我们出去开会，顺便和公司的司机聊天，这位师傅在我们办公室旁边（位于首都CBD）有十几套房。我和这位同事开玩笑地问，她将来如果有孩子，是希望像她一样饱读诗书但（暂时）没房没车，还是像那位师傅一样，没读很多书也过得逍遥自在。她当时特别坚定地说，"要是选后者就打断她的腿"。教育的投资回报是长期的，并且这种回报绝不仅限于经济和收入方面。买房并不能保证房子保值增值，但是对自己的投资却是会永远增值的。

很高兴跟大家分享：这位同事几年后的收入是当时的N倍，充分证明了长期对教育和自己投资的高回报率。

一个人最大的财富不是房子，不是金子，而是发现并创造一个更好的自我。我们往往需要耐得住短期的寂寞和诱惑，专心读书、专注工作，才能拥有最好的长期回报。不仅是对自己的回报，也是对社会经济发展的高回报。

研究教育投资回报率的大量经济学文献，包括中国的相关研究，均证实——同样的钱，投资女性教育的回报率比投资男性的更高。所以，要更多地为下一代的教育投资，为女性教育投资。教育和人才是一个国家最大的财富。

第二章
职场和性别经济学

女性视角的职场建议

导语 越来越多的女性加入职场,进入管理层。职场对男性和女性的要求有什么不同?女性如何在男性主导的职场里争取更多机会,更多发展?

职场成功学的教材众多,输入"职场"一词,跃入眼帘的从如何做PPT、如何晋升到职场厚黑学,从工作方法到情商的重要……看着这些书名我都焦虑。

我自己在职场上很幸运,算是小有成绩,也经常被邀请做分享,特别是关于女性领导力的话题。本篇选几个特别有女性视角的小贴士。

1. 穿着

先从最"简单"的穿着谈起。大都市艺术博物馆2023年12月到2024年3月有"女性装点女性"（Women Dressing Women）的特别展览，展示70多位女装设计师过去100多年的作品，突出女性时装设计师的创造力和艺术传承，展现她们的新声音和被遗忘的历史。展览以时尚界女性历史轨迹的四个关键概念为主题：匿名、可见性、代理性和缺席/遗漏。

即使是突出女性美的时尚界，早期的服装设计师都是男性。第四部分"缺席/遗漏"主题更凸显了过去百年里女性设计师在行业中的进步。我惊讶地发现，全球顶尖高级定制品牌迪奥的艺术创意总监居然直到2016年才有第一位女性——玛丽亚·嘉茜娅·蔻丽（Maria Grazia Chiuri）。2016年！还有一个很有意思的是Celine 2017年春夏Celine-Yves Klein裙装，女设计师菲比·费罗（Phoebe Philo）被行业普遍认为是呼应法国艺术家克莱因的人体测量（Anthropometrie）系列，使用了克莱因蓝，降低物化女性，并赋予女性身体新的独立形式。这些都是女性设计师特有的视角，而且都是过去5—10年才被更多大众关注的。

职场穿搭会传递你的气质和风格，特别是和领导、客户、合作伙伴等见面，第一印象很重要。英文有个说法是You are what you read（你阅读的东西，塑造了你），You are what you eat（人如其食）。我想说，You are what you wear——人如其衣。

"美"的确会提高职场表现、工资、晋升等。慕尼黑大学普特瓦拉（Poutvaara）的研究发现，长得好看的政治候选人更容易赢得选举，并且世界各地均如此，男女候选人均如此。[1] 特别是对政治选情不够熟悉的选民们，候选人的样貌尤为重要。所以"美"的确重要。

职场女性没有"标准"模版，没有足够的女性楷模。近年来第一代女强人走的是抹杀一切女性元素的路线：黑色西装西裤。在男性的生存丛林里觅食，穿着女性化有"示弱"或滥用"性别优势"赚取优待的嫌疑。于是，剪短头发、隐藏身材，男人怎么穿我怎么穿，那才是男女平等的体现。什么都要一样，要同工同酬，也要穿着一致。

第二代女性开始尝试增加些许女性元素，最容易的就是改变颜色。希拉里和默克尔是最好的例子。虽然依然是笔挺的西服西裤，但是颜色渐渐从黑蓝色进化到五彩斑斓的彩虹色系。例如希拉里的裤装，设计师从奥斯卡·德拉伦塔（Oscar de la Renta）变到拉夫·劳伦（Ralph Lauren），发型也换过多轮，但总体风格坚持不变。这些女性开始在穿着方

---

[1] https://econpapers.repec.org/article/izaizawol/journl_3a2017_3an_3a370.htm。

面有觉醒、有自信，但依然困惑。在几乎都是男性的职场世界里生存，既要有特色，又不能太格格不入，甚至需要显得比男性还厉害。

第三代女性有了更多自信和探讨的空间。举例三位我最欣赏的女性。

《经济学人》全球总编赞尼·明顿·贝多斯（Zanny Minton Beddoes）会穿裙子、丝绸、粉色系，搭各种配饰、高跟鞋，是思想深度和柔美优雅的完美体现。牛津和哈佛毕业的赞尼曾为波兰财政危机解危，也曾在国际货币基金组织（IMF）专注非洲和转型国家的经济发展。作为《经济学人》181年来首位女主编，她的上任是对全球女性思想深度、高度以及卓越领导力的认可。她会穿奶油色或淡紫色的丝绸上衣，举手投足优雅极致的同时，有序有气场地指导管理大会议室里那群全球顶尖的编辑们，激烈讨论封面故事应该选择哪个话题，从什么角度探讨和分析。她也会穿一身粉色搭高跟鞋，对（现已故去的）基辛格博士连做两天采访，从中美关系问到俄乌冲突，从苏丹谈到印度，从特朗普聊到政治领导力。

傅莹，外交部前副部长，清华大学人工智能国际治理研究院名誉院长。她既是睿智的代表，又是儒雅的中国文化和女性的代表。记得有一次在钓鱼台国宾馆的中国发展高层论坛上，她对话美国前财政部长兼哈佛大学前校长劳伦斯·萨默斯。萨默斯教授有深度有见识，谈吐不凡，妙语连珠，但对中国的某些言语带有让人不舒服的攻击。傅女士大方从容优雅地上台，边微笑边侧身看着萨默斯，先以一个幽默化解了冲突，再在接下来的阐述中礼貌又坚定。太酷了。她出版的《大使衣橱》，就是一本关于外交礼仪和服饰的故事。来看其中一段：

> 外面穿的黑色丝绒大衣……不对称的领子和袖口表达了中国元素，大翻领一侧是梅花图案的粉色锦缎，另外一侧是与大衣一体的黑色丝绒。一只袖口采用喇叭口水袖加中式排扣，内衬是柔软舒适的宝蓝色真丝，在水袖的摆动中依稀可见；另一只是普通的带祥袖口。大衣通身内衬是与翻领一样的粉色梅花织锦缎，蓝色与粉色的大胆碰撞，西式的刚劲与中式的柔美，结合得恰到好处。

克里斯蒂娜·拉加德（Christine Lagarde），欧洲央行行长，国际货币基金前总裁，法国农业和财政部前部长。这位法国女性成功地将优雅裙装和丝巾组合带入"中年白发西方男子"的国际舞台上。我的某位男性同事曾和拉加德同台，说她穿着皮裤上台。"皮裤！皮裤！"我还记得他满眼放光、手舞足蹈的形容。我看到新时代性感和优雅的定义，不是香车配美女的速度与激情，而是在决断国际金融形势的同时自然自信地展示女性的独特元素。

但她也不会排斥黑色。2020年在世界经济论坛峰会上，有一场关于欧洲未来的闭门探讨晚宴，都是各国政要和企业家。我身边一位是芬兰总理，一位是法国财政部长，拉加德发言时大家都认真倾听。那天她穿了裁剪得体的黑色收腰夹克，佩戴金色胸针，里面是熨烫平整的白色立领衬衫，下身是黑裤子，搭配白边的黑棉鞋。飒到你忘了她的衣着、她的性别，认真关注她说的每个字每句话。这真是完美体现人品如衣品，最高等级的穿着就是让人忘记穿着本身，而和她的言谈举止气质和发言内容完全融为一体。

职业女性穿着变化的背后，是女性自信的提升。越来越多的女性加入职场使得社会对职业女性也有更多接受和包容。

回顾我自己的职场穿搭变化，刚工作时第一套就是黑色西服西裤，买了白色、浅蓝和粉色的衬衣，认真努力去融入集体。后来开始升职，出席更多的活动，也希望获得更多认可。但是女性真的容易被忽视和小看。有一次参加活动，我提前到场彩排，组织方看到一个年轻女性进来，热情地问：

"是秘书或者翻译吧?来,跟我来这边试麦。"我愣了一下,定神说:"我是今天的主旨演讲嘉宾。"

那时为了让大家觉得我更职业,显得年龄大些,人更睿智些,我特意买过粗黑框眼镜、豹纹衣服、黑皮装黑皮鞋(见图2.1)。现在看当年的豹纹衣服照片,真的可笑。

图2.1 2014年的"我"

其实,这都是一个过程。后来的我更自信,开始买白色和红色的西服。打开衣橱,无意间集齐了红黄蓝绿青橙紫的丝绸衬衫,有粉西装也有粉外套,有蕾丝也有领结——这些原来觉得太女性化的元素,现在只要喜欢,只要合适,就可以穿。

比如今年5月份,我受邀参加世界经济论坛在沙特利雅得的特别会议,其中一个环节是和沙特王子(也是他们的外交大臣)、欧盟首席外交官兼欧盟委员会副主席、斯里兰卡外长同台,探讨全球合作、重建信任。那么,我穿什么呢?场上男嘉宾一般是黑西装,沙特王子应该是一身白,所以最后我选择了一身黑西装,搭配红色丝绸衬衫,既沉稳,又跳脱。

(其实男性也非常注意自己的服装搭配,他们更多利用袜子和领带,而且对于领带的颜色、品牌、风格也非常注重。写这篇的时候我随机抽样采访了20位中外职场上的成功男性,他们拥有的领带数量,最常见的是10~20条,两位创业者的数量为0,一位法国男士有200条左右,还有一位在北京、上海和东京三地有不同风格的领带,以适合不同的商业和文化风尚。)

所以,有头脑还有适合自己的女性元素的搭配,就是我心目中的新时代职业女性穿搭。至于到底什么是女性元素,每个人有自己的定义,做好自己就行。实力+努力+自信的笑容,再加上自在的穿着,才是最大的魅力。

2. 谈工资,要晋升

传统印象中,男性比女性更愿意跟老板谈涨工资。15年前,琳达·巴布科克和萨拉·拉斯谢弗(Linda Babcok

and Sara Laschever）在她们著名的《女性不主动要求——谈判和性别不同》（*Women Don't Ask—Negotiation and the Gender Divide*）一书中提到，男性比女性更经常要求加工资。例如，调查发现，研究生毕业的人里，女性更容易直接接受第一份工作邀请。相比之下，男性比女性更常跟雇主要求加工资——足足高出八倍。而起薪的不同和后期的晋升等积累下来会额外导致男女工资差别变大。

但有一项最新研究推翻了这个说法。加州大学伯克利分校的劳拉·克雷、玛格丽特·李以及范德堡大学的杰西卡·肯尼迪（Laura Kray, Margaret Lee and Jessica Kennedy, 2023）用最新数据发现，现代职业女性比男性更频繁谈判薪资，只是遭到拒绝的频率更高。换句话说，如果继续将责任归咎于女性自己不谈判工资差距，女性收入低是女性自己的问题，会忽略系统性的性别差距。这样反而使性别陈规的观念长期存在，并削弱消除性别陈规的努力。[1]

这个研究结果在一定程度上是振奋人心的，让我们看到女性在职场上的自信和争取。但这个结果不能代表全球的情况。因为她们只采用了美国的数据，而且只调查了2015—2019年顶级MBA学院的毕业生。

---

[1] https://newsroom.haas.berkeley.edu/research/new-research-shatters-outdated-pay-gap-myth-that-women-dont-negotiate/。

我和周围朋友的经验，依然是女性在谈判工资方面没有男性积极。以我自己为例，当年老板给工作邀请（offer）后我就接受了，完全没谈涨薪。第一次主动争取晋升和工资涨幅，还是在当年男友支持和指点下操作进行的。如果没有男性视角，我肯定不会要很高的涨幅。自此谈晋升和薪资，我都会找男性好友或导师给建议。

自己当了老板以后也明显能看到团队里性别上的不同，男同事的确更容易要求涨工资，女同事说的比例相对更低。从老板的角度，对好的员工都会在可允许的范围内主动提薪，做出足够好的激励。疫情防控期间我们还主动给大家涨薪，感谢大家的辛苦坚持。但如果优秀员工真的要走，而且他工作很棒，难以替代，那我一定尽最大努力去争取。

当然，争取的方式也很重要，有一位前同事入职前跟挤牙膏一般，今天一个故事，明天一个说法，后天一个新闻，一点一点要的越来越多。虽然他后来还是入职了，但给大家留下了不好的印象。

3. 如何"正确生气"

通常职场上应该是礼貌和专业的。但在特定环境下，例如在谈判桌上，生气可以理解，甚至有好的效果。所以，如何"正确生气"很重要。

生气也是权力的一个重要表现。通常上级或者更高权力的人会对相对低权力的人生气,而不是反过来。当年在斯坦福商学院上课,老师给我们讲如何"正确生气",其中一篇文献我记忆深刻,就是男性管理者生气,会被认为更有权力、更果断、更厉害。而女性管理者生气,却通常被认为太感情用事,不懂情绪管理。我自己就被扣过这种帽子,我周围很多女性管理者也都有过这种经历。

因为传统观念上,女孩子"应该"温柔,"应该"微笑,"应该"被大家喜欢,而不是有力量、有权力。

丽贝卡·特雷斯特(Rebecca Traister)写过一本《好不愤怒:女性愤怒的革命力量》(*Good and Mad: The Revolutionary Power of Women's Anger*)探讨相关问题。她指出:"虽然愤怒一直是男性政治家的推动力,但对女性来说,表达同样情绪可能会驱赶一些选民。男人不仅'被允许'生气,而且还因此受到称赞。"

多项研究表明,男性的愤怒被认为是强烈的、果断的、可信的、强大的,而表达同样情绪的女性则被认为是"难以相处的"或"尖锐的"。传统告诉我们,愤怒与我们理想中的女性概念是冲突的,因此必须受到压制。

这种双重标准不仅渗透到日常心理,也渗透到工作生活的方方面面。这令人非常沮丧。男性生气,是有威严;不生气,是有修养。女性生气,就成了情绪的弱者,成了不够职业的表现。不生气,则无法表达对事情的愤怒和不可接受,不能表达对底线践踏的严重抗议,不能有技巧地处理特定事情和问题。

在职场生气这件事情上,女性怎么做都不对。

在整体社会对性别角色有更大改变前,很遗憾地说,女性管理者并没有完美的解决方案。对我个人而言,就是接受这个事实,能不生气就不生气,该生气就生气。我不能因为别人是否可能给我扣帽子,就改变自己。把事情做好最重要。

其实,类似的职场"双重标准"还有很多。生气只是其中一条。从宏观层面和长期角度,我们需要一起改变这些不良的性别歧视的标准;从每个个体的微观和短期角度上,我们最好的办法就是做自己。

写到这里,我想起了希拉里·克林顿。她是距离美国总统位置最近的女性,即便是当时与她竞争的共和党候选人特朗普,也说她是个战士,对她非常尊重。

在我看来,希拉里失败的其中一个原因,就是她在晋升过程中丢失了自己。她学会了美国政治圈子里的所有伎俩,她聪明,有经验,够努力,不放弃,这都是非常激励人的领导力特质。但是她忙于学习"白人男性"的"技",把更高层次的"术"忽略了。她永远都不可能是一个更好的"白人男性",她只可以做最好的女性——她自己。

记得她曾接受采访,回答关于比尔·克林顿的绯闻事件。记者问她是否生气,她是这么回答的:

"每个人都问我,你怎么这么冷静?我想我已经经历太多次了。比尔和我几乎被指控犯过所有罪行,比如谋杀,而这次指控背后就有一帮同样的人……我并不是麻木,而是对目前美国政治中不幸的、卑鄙的让步有非常丰富的经验……我非常担心对手在使用的策略和激烈的政治手段。我们见过也经历过这种情况。所以我只会耐心等待,直到真相大白……"[1]

我当时看到这段采访极其震惊。希拉里脸上冷静到没有任何表情。无论她是否相信比尔真的出轨,正常人都不应该是这样的反应。如果比尔没有出轨,那么对政治对手的这种低劣流氓手段,她应该非常愤怒。如果比尔真的出轨,那么伤心、难过、痛苦和泪水,才符合人之常情。她的反应说明她已经变成一个冷冰冰的政治机器。或者说,她为了成为她认为应该成为的人,变成她"应该成为的样子",变成了一个政治机器。

---

[1] https://www.washingtonpost.com/wp-srv/politics/special/clinton/stories/excerpts012798.htm。

她失掉了人性的真实、脆弱和光辉，失掉了她自己。

这非常遗憾，非常可惜。

但这是那个时代造成的。

比如她曾决定婚后不改从夫姓。这可是在芝加哥长大的她，卫斯理学院毕业的她。婚后她也成功坚持住了，即便自己的亲妈和婆婆都不支持这个决定。但在比尔·克林顿连任阿肯色州州长失败后，调查发现其中一个重要原因是她不从夫姓，于是她屈服了。她改从夫姓。再后来，她的丈夫竞选成功。所以她是被那个时代改造成这样的。

一个聪明刻苦上进的女性，在那个年代要从男性主导的丛林里脱颖而出，真的太难了。她们认为要成功，就必须像男人一样，甚至超过男人才行。

我有个哈佛的同学，美国西点军校毕业，并在军队里做到高级职位。聊到性别话题时，他说身边的成功女军官，比男性厉害，还对自己更狠，更自律，额外要证明自己可以，额外小心，似乎要抹掉自己的女性元素。

时代发展到今天，更多女性进入职场，进入高管层，值得我们思考怎么做好自己。这包括真实的沟通，敢于表达自己的脆弱，取得更多信任和凝聚力。

2016年11月，希拉里和特朗普竞选结果公布之夜，我专门找朋友要了参加希拉里庆祝活动的票。当时，她的竞选团队坚信一定会赢，庆祝中心选在了纽约曼哈顿的贾维茨会议中心。这个楼有个特点——大部分都是玻璃造的。选择这个楼的原因是等希拉里赢得选举时，可以当场宣布她是历史上第一位女性总统，终于"打破玻璃天花板"。

那天半夜，我们等到一点多还没出结果，竞选团队让大家先回家。之后半小时左右宣布竞选失败。我还记得美国朋友哭得稀里哗啦，完全不能接受甚至不相信这个结果，觉得是一场梦。

第二天早上，我登上回国的班机。在肯尼迪国际机场，看到希拉里的败选新闻发布会。她边上台边微笑边鼓掌，开场说"昨晚我恭喜了特朗普"，其实明显能看到她的脸色是非常难看的。这个所谓的恭喜一点都不真诚，为了所谓的优雅而做出"优雅"姿态，可大家都能看出不是真心的。

她有一段真诚发言，是这样说的："我想对所有女性，特别是年轻女性说，你们对这场竞选，对我，倾注了你们的信念。我想让你们知道，没有什么事比作为你们的领军人，更让我自豪的了。"

场下掌声雷动，好多女性哭了，我也哭了。

希拉里的声音哽咽，眼眶也红了。这可是自己老公出轨都能冷静得像是问"早上刷牙了没"的希拉里啊！

她又清了清嗓子，清了两次，好让自己的情绪平静下来。她继续说:"所有正在观看此视频的小女孩们,永远不要怀疑,你是有价值的、强大的,并且值得世界上每一个机会和机遇,去追求和实现自己的梦想吧!"

她讲这段话的时候,眼里有星星,透着坚韧。这是一个非常强大的女人,在那个时代能走这么远,几乎不可想象。从性别角度说,她和很多女性前辈一起,给我们新一代的女性创造了更多的机会。今天的我们也可以一起,让下一代的女孩子更好。

性别平等的经济学定义

导语 性别平等，强调机会平等，而非结果平等。性别平等，对女性有益，对男性也有益。

我之所以对性别平等特别感兴趣，与个人的经历有关。我是独生子女，又是个女孩。小时候，在我的老家山东，经常有人开玩笑说，我把我们刘家的门牌给摘了。族谱上到了我就不续写了，因为那上面只写男不写女。所以，我很小的时候其实就会有朦朦胧胧的性别平等的概念。之后，在成长的过程中，逐渐对男女平等的概念开始敏感。后来，我去了瑞典读博士，又到美国加州大学伯克利分校做访问学者，前者是全球性别平等做得最好的国家之一，后者则是全球自由平等观念最超前的学校之一。所以，在传统的地方成长，又在性别平等做得最好的国家和自由平等观念最超前的学校学习，我受到的冲击非常大。原来，性别平等可以如此自然。

还记得，刚到瑞典不久，我回宿舍，推门发现公寓里的瑞典女生把一辆超大的自行车，"咔"的一下翻过来，然后就坐在地上敲敲打打，开始修自行车。我之前从未见过这种情况，即使遇到，第一反应肯定也是先请男同学帮忙。我一脸吃惊，愣在那儿，搞得她也有点蒙，然后问我："你是不是想学？来，我教你。"

那一刻，我感受到全新的性别平等概念。再比如在瑞典，女性生育后，丈夫一定会休产假，一起带孩子。瑞典的大街上经常能见到送孩子去幼儿园、带孩子喝咖啡、陪孩子晒太阳的爸爸们。如此普遍，又如此充满冲击力。

到现在为止，还有很多人觉得有继续说性别平等的必要吗？很多人觉得中国女性已经很厉害了，还需要怎样平等？"女性现在多幸福啊，能读书、能工作、能投票、能开车，你们还要怎样？"显然，很多人尚未意识到什么是真正的性别平等。

"这是有史以来作为女性最好的时代。"这是盖茨基金会、克林顿基金会、经济学人智库和加州大学洛杉矶分校共同研究发布的《打破桎梏：完全参与报告》的第一句话。1995年，在北京举办的联合国第四次世界妇女大会倡议女性"充分而平等地参加经济、社会、文化和政治决策"。近30年来，全球女性拥有了更多教育与工作机会，获得了更多的经济独立和更高的社会地位。但是全面平等尚未达到，同年9月底在联合国举办的全球妇女峰会，亦呼吁将性别视角纳入新发展议程的各个领域，为实现男女平等和妇女全面发展加速行动。

这就引出来一个问题，性别平等的衡量标准和最终目标到底是什么？从经济学的角度探讨，性别平等强调的是机会平等。注意，机会平等并不能保证结果一定平等，但机会平等更重要。

性别平等不是要所有人都干一样的活，收入也都一样。如果真是那样，就又回到吃"大锅饭"了，那不是真正的平等。真正平等的前提下，每个人都有权利选择自己喜欢和认为重要的事。我选择的，我就会在这方面花更多时间、精力，投入更多的资本和资源，同时理应得到一个更高的回报。

因此，经济学谈论的性别平等，不是结果平等，而是机会平等。不是因为你是女性你就不能干什么，不是因为你是男性，你就必须要干什么或者不能干什么。比如，不能因为你是女性，你就应该待在家里，你就不应该努力工作。到现在为止，劳动力市场上的招聘有时还会赤裸裸带着不要女性，或者不要已婚女性的要求。同样，你是男性，那就不能穿粉色或者不能玩芭比娃娃，因为这是女孩子才能玩的，这些都是性别上的刻板印象。

另外很重要的一点是，性别平等不是要把男性打倒在地。性别平等不仅对女性有益，对男性也有益，更对下一代有益，对整个社会的经济增长和社会发展都有利。从经济学出发谈论性别平等，可能是一种比较温和的方法，也希望更多人会接受这个概念。

例如，我们并不要求夫妻两人都要一起干家务活。事实上，两性分工很有必要，这可以提高效率。家庭经济学的创始人加里·贝克尔教授的经典之作《人力资本、精力和劳动的性别分工》，其中心思想是：已婚女性对孩子和家务活的责任是导致男女之间收入和职业不同的非常重要的原因。主要可分为两方面：第一，女性在对孩子和家务活方面的"比较优势"；第二，孩子和家庭比休闲活动更耗费精力体力，导致女性选择灵活性更高但报酬更低的工作。

需要注意的是，效率和公平不一定兼得。贝克尔特别讨论到，这种性别分工有建议性但不具备结论性，因为这个说法的前提假设是比较优势下的性别分工和对女性的"剥削"是两个独立事件。值得讨论的是，女性是否天生在某些事情上（做饭、洗碗、带孩子等）更有优势？

性别平等不是要让男性去生育去哺乳，不是要抹杀男女生理上的不同（及导致的不同）。性别平等，是尊重每个个体的偏好和效用方程，有的女性更喜欢陪孩子，有的女性更喜欢干事业。如果女性很享受在家带孩子的生活，自愿选择不工作，这没问题。但如果女性希望在职场上大有作为，仅因为她的性别而导致用人单位拒绝雇用她或者拒绝给她升职，或者被认为不够"贤妻良母"，这就是性别歧视。同理，如果男性很享受在家做饭、种花、陪孩子的生活，却担心舆论指责嘲笑他不够爷们儿，那就是变相剥夺他的权利，也是一种性别歧视。

这个概念可以参考收入不平等的概念。我们希望所有人的收入完全平等吗？当然不是。打破"大锅饭"和改革开放的初衷就是要鼓励一部分人先富起来，这部分人先发展起来再带动更多人富裕。富裕，就是经济学强调的激励机制。如果你看得准市场的发展，你愿意去努力，那你就值得更好的回报。大家都吃"大锅饭"，没有人愿意多努力和创新，社会就很难进步。这个过程中，机会平等很重要。高考制度的伟大之处就是不论你背景如何，只要成绩好，就能脱颖而出。

因此，我们要达到的不是让男女完全一样，而是机会平等。只要你够聪明，够勤奋，机会都是均等的。学校如此，职场上也一样。如果一份工作需要的能力男女兼具，但注明只要男生不要女生，这就是歧视，就是不公平。

经济学有篇经典文章讨论与性别相关的职场歧视到底多严重。文章的逻辑可以简单想成《中国好声音》的节目设置——评委背过身去，只听声音和唱功而不看选手。无论演唱者美丑胖瘦，只要声音足够好，评委就可转身选择。

哈佛大学的克劳迪娅·戈尔丁和普林斯顿大学的塞西莉亚·劳斯（Cecilia Rouse）发表了一篇关于美国交响乐团在员工雇佣中的性别歧视文章[1]，该文研究的就是类似的盲选。美国交响乐团在20世纪70年代对招聘新员工的制度做了一项重大改革。从前，应聘乐团职位通常要寄音乐小样到乐团，乐团的人筛选后邀请候选人来面试。70年代选拔方式改成了盲选——候选人面试时，乐团会拉上幕布。评审坐在台下完全看不到人，只能听到演奏出来的声音。演奏厅甚至会铺上厚厚的地毯，以保证评审委员无法从脚步声中揣度表演者的性别。

在研究大量样本，比较了不同年份、不同交响乐团、不同评选机制、同一个选手参加不同交响乐团的不同选拔方式后，作者们研究女性在盲选或传统机制下被录取的概率差别。这纯粹是性别本身导致的录取概率不同，换句话说，这个差别就是性别歧视的严重程度。

结果不出所料。女性在有幕布的乐团被录取的比例明显

---

[1] Claudia Goldin and Cecilia E. Rouse. Orchestrating Impartiality: The Impact of 'Blind' Auditions on Female Musicians [J]. *American Economic Review*, 2000, 90（4）: 715–741.

更高（见表2.1）。作者们分别考察了预选赛（包含有半决赛和没有半决赛两种）、半决赛、决赛和最终雇用四个选取环节。表2.1左边是盲选机制下的录取结果，右边是传统非盲选方式下的结果。很明显，对女性来讲，左边的录取率比右边明显高出许多。以预选赛为例，女性报名者在盲选机制下平均有28.6%进入决赛，20.2%的男性进入决赛。而传统机制下只有19.3%的女性进入决赛，男性则有22.5%。虽然女性在盲选机制下比男性的入选率提高了8.4个百分点，事实上她的相对入选率提高了11.6个百分点。

表2.1　　　　盲选机制下的录取概率差别

	盲选		非盲选	
	晋级比例	人数	晋级比例	人数
预选赛（含半决赛）				
女性	0.286（0.047）	112	0.193（0.225）	93
男性	0.202（0.026）	247	0.225（0.031）	187
预选赛（不含半决赛）				
女性	0.200（0.092）	20	0.133（0.091）	15
男性	0.083（0.083）	12	0.000（0.000）	8
半决赛				
女性	0.385（0.061）	65	0.568（0.075）	44
男性	0.368（0.059）	68	0.295（0.069）	44

（续表）

决赛				
女性	0.235（0.106）	17	0.087（0.060）	23
男性	0.000（0.000）	12	0.133（0.091）	15
最终雇用				
女性	0.027（0.008）	445	0.017（0.005）	599
男性	0.026（0.005）	816	0.027（0.005）	1102

在决赛阶段，女性相对入选率提高了28.1个百分点。综合来看，乐团的职位竞争是非常激烈的，传统机制下女性被录取的可能性只有1.7%，但在加入盲选机制后录取率增长到2.7%，虽然只增加了1个百分点，但这在竞争极其激烈的竞聘中相当于提高了60%的可能性（从0.017到0.027）。

从不同的样本研究可以得出结论：20世纪70年代之后，美国女性在交响乐团的录取率提高，25%~33%是由于采取了盲选机制的结果。

很难想象，直到1980年，美国交响乐团里没有哪一个乐团的女性成员比例高于12%。当时大家不看好女性，就连大名鼎鼎的祖宾·梅塔（Zubin Mehta）[①]都有过"女人根本不应该出现在交响乐团"之类的骇人听闻的说法。

---

① 世界著名指挥家。

总之，在其他情况相同的前提下，一组选拔有幕布，另一组选拔没有幕布，得出的差异性结果，就是性别导致工作录取比例差距的歧视。

李实、宋锦和刘小川三位作者在2014年的《管理世界》上发表了《中国城镇职工性别工资差距的演变》，针对中国的情况专门进行了研究。文章总结了中国女性的平均收入是男性的80%，仅部分原因是女性受教育水平不够。当控制了所有可能解释差别的因素（年龄、学历、是否城镇户口、是否党员、是否少数民族等）之外，还有40%~80%是无法解释的，这是相当高的歧视指征。"在1995~2007年期间特别是2002~2007年期间工资的性别差距显著扩大，其中不可解释部分的比例也越来越大，显示了性别歧视的严重化问题。"

这就是直接的机会不平等，是性别歧视。全面性别平等不是要把男人打翻在地，而是跟男性一起进步，平等、有尊严地携手前进。

创业和性别经济学

导语 当大学毕业生女性数量超过男性,当服务业产值超出工业产值,当高科技赋权女性工作和创业……政策、企业和个人都能做些什么?

钱楠筠曾研究过中国云南省的采茶女。在当时的采茶条件下,成年女性比成年男性和女童有着绝对优势和相对优势。因为采茶需要小巧灵活的手指,茶树的高度更适合女性的身高,采摘嫩芽时成年女性比女童或者成年男性更细心等。研究发现,在所有其他条件一样的前提下,茶区女性的地位相对较高,她们的收入增加,相应会提高新生婴儿中女性的比例,同时男童和女童的受教育年限也会更高。女性收入占家庭收入的比例每提高10%,则女婴的存活率会升高1个点,男童和女童的上学时间会延长0.5年。类似的研究里,在种果树地区,男性亦是如此。

所以,即便在传统的农业中,也有对男女比较优势的偏好,并不是所有的生产活动都绝对偏好男性。

随着农业现代化、服务业蓬勃发展和科技快速进步,传统男女分工模式有了显著改变。

在远古时期，男女需要更好地分工合作才能生存并繁衍，所以在人类演化中，男性更多偏向觅食耕种、保护家人、击退野兽等，女性更多偏向生育并养育下一代、负责家庭内部事务等。古代男耕女织的美好和睦是基于当时需要的最合适的两性分工和家庭效率。

科技进步、时代发展，当农活不再繁重、不再需要男性的高大体态和肌肉力量时，当女性可以通过现代农业机械和无人机进行高效率生产时，当高科技和互联网可以让大家远程办公时，男性在传统劳动力市场上的比较优势逐渐消失。

我们可以看到过去几十年来，各国的服务业与工业产值的比值一直在快速上升。对中国来说，2012年服务业产值第一次超过了工业。图2.2中的这条虚线代表比例为1。

这意味着，随着服务业和高科技产业的发展，以往许多出于生理差异或社会角色的不同而不适合女性的工作，对女性的排斥性逐渐降低。例如，我们都知道互联网创业者中女性的比例普遍很低，但是中东地区的比例是全球平均水平的三四倍。要知道，世界银行相关的数据表明，中东地区有93%的工作种类限制女性参与，相比之下，中东女性互联网创业者人数是全球平均水平的三四倍，这一数据无疑是非常令人惊喜的。《经济学人》

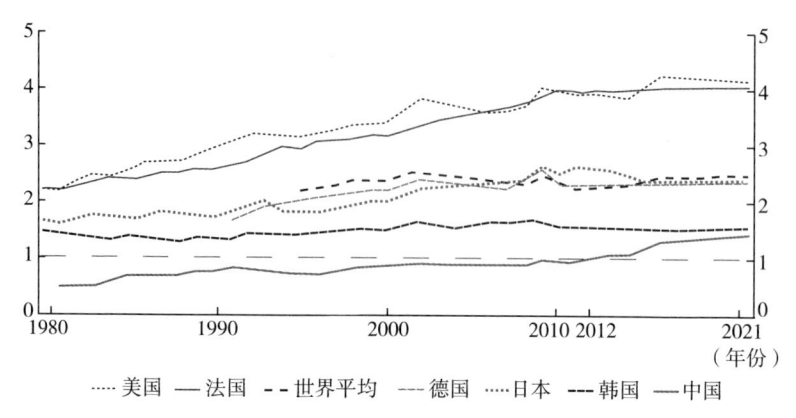

····· 美国 —— 法国 - - 世界平均 —— 德国 ······ 日本 --- 韩国 —— 中国

图2.2 服务业与工业的比值不断上升（1980—2021）
数据来源：经济学人智库。

曾采访过一家为当地初创企业服务的Wamda公司，他们说，"沙特阿拉伯受过良好教育的妇女想要工作，但家人经常反对……在家里上网的初创企业是完美的折中方案"。

因此，现代科技和服务业的快速发展为女性工作和创业提供了一个大的时代背景。我们可以参考20世纪60年代美国制造业向服务业的转型。当时，服务业人口猛增，同期科技进步推动女性参与工作。女性工资上升，教育水平上升，女科学家、女教授、女企业家、女性官员增多，女性大学毕业生的人数也超过了男性大学毕业生。另外，在60年代早期，美国肯尼迪政府成立了专门调查妇女社会状况的委员会，由前第一夫人安娜·埃莉诺·罗斯福（Anna Eleanor Roosevelt）领导，帮助政府出台了一系列新的法规和法律。

我们可以借鉴美国历史。二战后汹涌的婴儿潮改变了整个社会格局。当时美国经济繁荣，女性追求自由，向往有成就感的生活，而突然增加的家庭负担给她们带来沉重的困扰。美国学者理查德·伊斯特林（Richard Easterlin）和苏珊·法露迪（Susan Faludi）等人认为，婴儿潮直接引导了20世纪60年代美国的女权运动和之后更深远的社会变革。当今中国，经济新常态下，改革进入深水区，社会矛盾凸显，每个利益集团都被经济洪流裹挟着前进，却困难重重。女性善于从细微的变化中找到突破口，在中国的大转型时代有着不可替代的优势。中国的女性在争取自身权利的过程中，很可能会成为下一次中国社会变革的领导者。

在这个服务业和高科技产业大发展的趋势下，我们能做些什么，让女性的职业和创业环境更友好，让经济增长更多元，让社会更包容和谐？可以从以下几个层面来探讨：

政策

在家庭中，外包家务活很容易，但对孩子的照顾、教育和培养需要父母共同付出。其中，父亲休产假可以直接缩小性别差异。瑞典在这方面是一个模范典型。在瑞典，每生育一个孩子，父母有18个月的产假，其中有3个月只能爸爸使用，否则这3个月假期作废。因此在瑞典，爸爸带孩子的现象极其普遍，经常看到几个爸爸一边带宝宝一边聊天、喝咖啡、晒太阳。而在其他国家和文化中，这通常是妈妈们做的事情。这种印象和文化一旦形成，所有人就会觉得爸爸带孩子是非常正常的事情，而不会觉得奇怪、不正常，甚至是歧视。

瑞典男性产假的政策，进一步增强了女性工作和创业的环境，所以瑞典连续多年在女性工作机遇的国际排名中名列第一。无论是商业环境、社会和法律地位、教育和培训、资金可获得途径、抑或劳动政策等方面都是各国的榜样。所以，提高男性产假是非常直接、可操作性强的政策，能带来良好的社会效益，形成良性循环，是值得参考的做法。

企业

对企业来说，为女性职工投资是企业和员工的双赢。多项研究均证实，雇用大量女性员工和高管的企业平均采取的高风险决策更少。无论是从开放性、沟通度、社交性还是系统管理方面来说，女性高管都是更好的决策者。拥有女性董事的上市公司的长期资产回报率也高于其他公司。

在这种双赢前提下,企业可以从财务上设立专门的性别预算,直接促进女性职业发展。

例如,奥地利政府制定政策,降低了伴侣中收入较低者的所得税,这有助于鼓励女性就业,从而刺激经济增长并增加国家税收。很多企业对于这种既符合女性利益,也符合企业整体利益的决策不够重视,但如果可以设立专门的性别预算部门,获得核心财务部门的支持,这一决策就更易成功。

个人

我们每个个体能做些什么?我想举两个例子。

露丝·巴德·金斯伯格(Ruth Bader Ginsburg)是美国联邦最高法院历史上的第二位女性大法官。她曾经说:"当我被问到(美国)最高法院要有多少名女法官才够,我回答'九个人'的时候,所有人都很震惊。可最高法院历史上一直都是九个男法官,却从来没有人对此提出异议。"金斯伯格的话很大胆,但很真实。

女性不要给自己设任何限制。西方有一句俗语:The sky is the limit。意思是,尽情想象,唯一的限制是天空。而我想说,天空也不是天花板,外太空才更值得探索。

乔布斯是我们这个时代伟大的商业和创业领袖。他也不是一开始就设计好了iTunes、iPod、iPhone、iCloud这样的苹果发展之路。2001年，乔布斯发布iTunes的时候，只是为了让苹果的Mac座机电脑成为与Windows系统的电脑有差异化的产品，仅此而已。当9个月内就卖出了600万份时，乔布斯看到了市场对iTunes的高度热情。接下来，市场对iTunes的热情一直延续到了iPod，以及iTunes音乐。

这些新亮点出现两年后，乔布斯决定让iTunes兼容微软的操作系统。乔布斯做iTunes的初衷是为了帮助Mac电脑更好卖，刚开始只有Mac才能使用iTunes，当iTunes成为亮点后，他又决定让iTunes兼容其他电脑。

发布iTunes六年后，乔布斯发布了iPhone手机，同时宣布苹果改名，从苹果电脑公司更名为今天的苹果公司。苹果不再只是一个电脑公司，而是全面的电子科技产品公司。

乔布斯当初并没有预见十年后苹果的发展，而是踏踏实实地往前走。从iTunes到iPod，从到iTunes Store到iPhone，再从App Store到iPad，他没有空喊口号说"我要加油，我要成功"，而是一步一个脚印走出来的。

现在有不少刚走出校园的年轻人，很有能力，很有激情，但完全不屑于做那些最简单、最基础的数据处理、表格制作等工作，认为自己要做更高级的工作。殊不知，所有人都是一点点起步的，所有的高楼都是打好地基再往上加盖的。因此，每个人都不要给自己设限，但同时，要一步步扎实前进。

女性的未来很美好，尽管前进的道路会很崎岖。但不努力永远不会成功。所以，不管你想去追求什么，请敢于梦想。不管你确定了什么目标，无论目标大小，今天就开始做。

未来到底什么样，谁也不知道。但今天的你和我是一点点堆积起来的。好消息是，我们这个时代的大趋势对女性工作和创业越来越有利，现在是有史以来作为女性最好的时代。在这个大趋势下，政府、企业以及每个人的努力叠加起来，未来就在眼前，尽管去做就是。

经济下行期的婚姻选择*

导语 新冠疫情后经济增长放缓,失业率提高。在经济形势不利于就业的情况下,个人尤其是女性,更需要关注婚姻的选择。经济学研究显示,经济危机带来的工作困境大约三年会过去,但"上错花轿嫁错郎"却会带来一系列对健康和生活的长期负面影响。

劳动经济学权威研究机构劳动经济学研究所(IZA)的恩达尔、戈达德和斯坎斯(Engdahl、Godard and Skans,2019)在文章《早期劳动力市场和家庭形成》(Early Labor Market Prospects and Family Formation)中发现,再高的失业率对就业和收入的负面影响都是暂时的。但在经济衰退期毕业并步入职场的女性会倾向于降低择偶标准,更仓促地结婚、生育。长期来看,她们的离婚率更高、更可能成为单亲妈妈、接受国家福利救济,且身心健康受到影响。

论文追踪了瑞典1987—1991年间入学职业高中的所有

---

* 本文作者刘倩、赵鸿潮。

女性，对比了两组学生——经济危机时毕业的和经济危机前毕业的，分析她们毕业后19年里的就业和婚姻状况。

在全球地缘政治和经济前景不稳定的背景下，探讨经济下行期女性的职业和家庭选择尤为重要。本节深入探讨这篇论文以做参考。

背景介绍

20世纪90年代初，瑞典爆发金融危机，失业率在三年内从2%迅速上升至10%，可以让作者们对比经济不同时期毕业生在就业和婚姻方面的长期差异。那时还有一个教育政策改革，可以让作者们更进一步将毕业生分类——同样背景的学生里，有的是两年职业高中，有的是三年；教育政策改革导致"同样背景"的学生有的在经济危机前毕业，有的在经济危机爆发后毕业。另外，同年毕业生中同时包括两年制和三年制的学生，从而排除教育政策可能导致教学质量不同的差异。

婚姻

第一，研究发现，经济衰退时毕业的女性会更早步入婚姻，更早生孩子。（毕业时）失业率上升1个百分点，女性结婚和生孩子的年龄会平均提前约5个月。也就是说，金融危机爆发初期，瑞典失业率上升约5个百分点，当时毕业的女性比金融危机爆发前毕业的女性提前两年结婚和生育。

第二，经济衰退时毕业的女性离婚率更高。具体来说，（毕业时）失业率上升1个百分点，女性在38岁前离婚的概率会增加11.5%，在同一年纪是单亲妈妈的概率也会提高12.4%。

第三，在经济衰退期毕业的女性，婚育年龄出现健康问题（病假超过14天，其中很大比例是心理健康问题）的概率更大。

第四，（毕业时）失业率上升1个百分点，女性在38岁时接受福利救济的概率会增加28%。（毕业时）失业率上升3.5个百分点，同年毕业生中在38岁时处于贫困状态的女性人数会翻一倍。

配偶

结论：择偶标准降低。

经济衰退期毕业必然会提高婚姻失败的概率吗？并不一定。那为什么我们会看到二者高度相关呢？作者们发现，经济衰退时毕业的女性，在面临婚姻决策时降低了自己的择偶标准。更准确地说，她们更仓促地选定配偶，加大了选错人的可能性，从而增加了离婚的可能。

生活太难了，要不把婚结了吧？错。

经济学伴侣选择模型告诉我们，如果结婚的预期效用大于单身效用，那么女性会选择步入婚姻，反之则继续单身。进入劳动力市场时，宏观经济失业率越高，毕业生找到工作的概率就越小，毕业第一年的平均收入也越低。

当女性收入下降，单身的效用也随之降低。同时，她们会降低对婚姻生活的预期，降低择偶的标准。与经济衰退前毕业的女性相比，衰退期毕业的女性选择的丈夫收入更低，在义务教育阶段的成绩也更差。

毕业时的劳动力市场冲击对收入和就业的负面影响只是短期的，毕业三年后她们的就业和收入与金融危机前找工作的女性不再有差别。所以婚姻决策才是导致离婚率上升、更频繁地出现身心健康问题，以及陷入长期贫困的原因。

从图2.3中可见，经济衰退对女性就业的负面影响在毕业三年后不复存在。

图2.4表明，与经济危机对女性就业的短期负面影响不同，在毕业后的19年里，经济衰退期毕业的女性中贫困人口比例持续高于经济衰退前毕业的女性。

那男性呢？研究发现，毕业时就业环境的恶化对男性的就业和收入也会产生短期负面影响（持续四年），但与女性

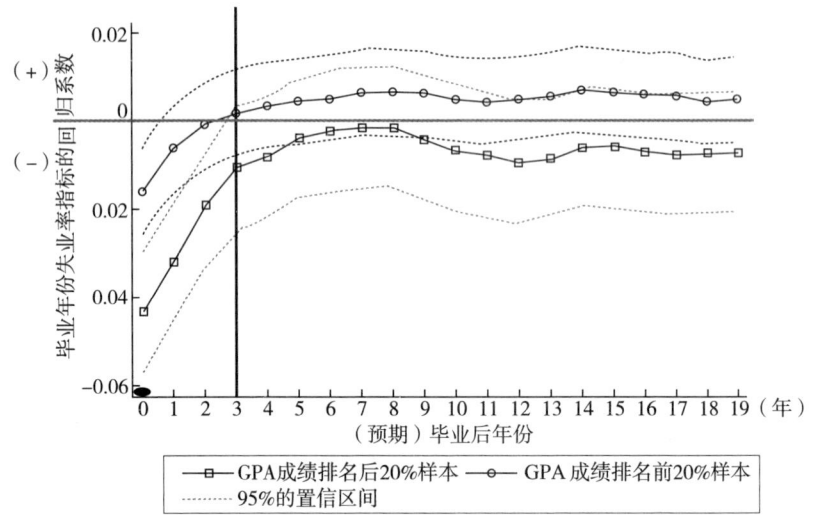

图2.3 经济危机对女性就业的影响

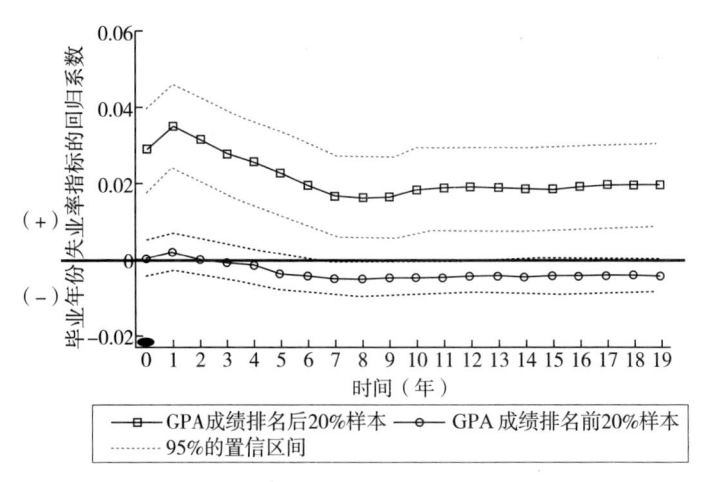

图2.4 经济危机对女性接受福利救济概率的影响

不同，他们推迟了结婚年龄。长期来看，经济衰退期毕业的男性，他们的伴侣在收入和成绩等方面没有显著差别，他们接受福利救济的概率也没有显著不同，甚至离婚率还有所下降。

瑞典实行义务兵役制，男性可以在18~24岁期间自主选择入伍时间。尤其是经济衰退期，男性更有可能为了躲避严峻的就业形势而提前入伍，从而推迟毕业时间。因此，对男性的研究结果不够严谨。但我们依然可以看出，女性和男性在婚姻市场中的不同。

传统观念中，女性要更多回归家庭生活。当遭遇劳动力市场冲击，女性可以选择进入婚姻寻求支援，找人分担生活的艰苦；而男性却因为收入下降丧失在婚姻市场的竞争力，要面对劳动力市场和婚姻市场的双重压力。

婚姻生活中也存在类似的问题。如果丈夫遭遇事业危机，那他将面临巨大的各种压力；相反，人们对于女性在职场的失利更能接受（当然这也是性别歧视的表现）。可是，人生总有顺境和逆境，不分男女。例如李安导演成名前，曾赋闲在家长达6年。如果社会能够给予男性多一点包容，对于男性在事业中的挫折多一点理解，会给他们更大的成长和发展空间。

对女性来讲，心智（经济和精神）的独立太重要了。这篇文章给女性们一个重要的启示，就是当我们可以选择婚姻和事业之间的替代，一定要警惕这种"有选择权的优势"，不要因为一时的工作不如意或者生活压力就滥用这个选项，让自己做出错误的选择，陷入长久的不幸福。研究显示，成绩低的女性受到的劳动力市场冲击比成绩高的女性更大，而前者正是容易通过进入婚姻来缓冲生活压力的主要群体。

婚姻不是短期内找人分担压力的解脱，而是带着笃定态度的人生的长期重大选择。要知道，再大的经济波动都会过去，就业和收入都会恢复，但婚姻对我们家庭和生活质量的影响会长期持续下去。

第三章
爱情婚姻经济学

"剩女"经济学

导语 中国没有"剩女"问题,我们的"剩"是结构性失衡而不是数量过剩,应该如何应对?

近年,有越来越多高学历或高收入的城市女性到了适婚年龄却未婚,很多人把这样的单身女性称为"剩女"。那么,中国到底有没有"剩女"呢?大家印象中的"剩女",其"剩"是源于女性数量大于男性,还是源于两性婚配选择预期的失衡?如果是后者,那问题是出在女性自身还是男性身上?"剩下"是不快乐的事情吗?

经济学强调人与人之间的感情和效用是不可以直接比较的。比如,"甲是否比乙更开心"是个无法比较的伪命题。

我们可以说甲比自己平日更开心或沮丧，但不能跟别人比。一个人无法拿自己的主观感受来鉴别他人的感受效用方程，所以一个人认为另一个人如何"幸福"或"可怜"，这是个伪命题。简单地说，就是你怎么知道别人过得不比你看到或以为的好呢？

因此，当七大姑八大姨好心劝适婚女子成家时，她们没充分想过单身自由的快乐。例如，一个单身女性更可能来一场说走就走的旅行。同样，当一位单身男士看到被老婆孩子"缠身"的已婚男士时，他们又怎能体会到"老婆孩子热炕头"的那份甜蜜温暖？外人的劝说虽然是出于好心，但过分劝说，就不仅仅是啰嗦了，而是把自己的价值观强加于人，可能给人带去不必要的压力。此时，关心就变成了自私的爱。毕竟，婚姻有幸福和不幸之分，每个个体对幸福和婚姻的定义不同，有的人效用方程里是"柴米油盐酱醋茶"，有的人效用方程更偏重"琴棋书画诗酒花"。

很多女性其实是主动、理性地选择保持单身，因为她们认为跟某恋爱对象共同进入婚姻殿堂带来的效用预期不会超过自己单身。

大龄女性单身未婚在全球其实是普遍现象。莉娜·埃德隆德曾发表过一系列很有影响力的性别经济学文章。其中，有一篇发表于2005年的经典文章《欲望都市》。不过，这篇文章中的sex指的是性别。

埃德隆德的文章提出并解释了一个前人很少关注的问题——全世界大都市里普遍都是女性数量多于男性,而人类正常的性别比是男性数量更多。这是篇概念清晰、文笔流畅、数据处理干净漂亮的文章,从经济学角度对"剩女"现象提出了解释。

论文开篇展示了在欧美47个国家中,农村25~34岁的青年人都是男性多于女性,而城市里则是女性多于男性。从表3.1可见:大部分国家的农村男女比例大于1,也就是男性数量更多;而城市里男女比例小于1,即女性更多。(也有少数农村男女比例小于1和城市大于1的个例,不过都来自整体的男女比例失衡。)相对来讲,都是城市女性比例更高。

表3.1　　　　25~34岁的男女性别比(1985—1994)

国家或地区	农村性别比	城市性别比	农村和城市的性别比之差
欧洲			
安道尔	1.38	1.21	0.17
亚美尼亚	1.10	0.84	0.26
奥地利	1.10	1.03	0.07
白俄罗斯	1.20	0.94	0.26
保加利亚	1.16	0.97	0.19
克罗地亚	1.17	0.92	0.25

(续表)

国家或地区	农村性别比	城市性别比	农村和城市的性别比之差
爱沙尼亚	1.11	0.97	0.14
芬兰	1.10	1.02	0.08
法国	1.02	0.98	0.04
格鲁吉亚	1.05	0.86	0.19
匈牙利	1.09	0.99	0.10
爱尔兰	1.09	0.95	0.14
拉脱维亚	1.11	0.97	0.14
立陶宛	1.17	0.97	0.20
摩尔多瓦	0.96	0.91	0.05
荷兰	1.05	1.05	0.00
挪威	1.14	1.03	0.11
波兰	1.15	0.96	0.19
葡萄牙	1.01	0.94	0.07
罗马尼亚	1.30	0.90	0.40
俄罗斯	1.10	0.99	0.11
斯洛文尼亚	1.09	0.79	0.30
瑞典	1.06	1.06	0.00
瑞士	1.08	1.08	0.00
乌克兰	1.08	0.95	0.13
北美洲和中美洲			
伯利兹	1.18	0.97	0.21
加拿大	1.00	0.99	0.01
哥斯达黎加	0.97	0.92	0.05
古巴	1.12	0.99	0.13
格陵兰岛	1.35	1.11	0.24

(续表)

国家或地区	农村性别比	城市性别比	农村和城市的性别比之差
危地马拉	1.08	0.92	0.16
海地	1.01	0.80	0.21
洪都拉斯	1.00	0.83	0.17
尼加拉瓜	1.11	0.91	0.20
巴拿马	1.24	0.89	0.35
美国	1.01	1.00	0.01
南美洲			
阿根廷	1.18	0.95	0.23
玻利维亚	1.02	0.90	0.12
巴西	1.10	0.92	0.18
智利	1.33	0.96	0.37
哥伦比亚	1.14	0.87	0.27
厄瓜多尔	1.11	0.97	0.14
马尔维纳斯群岛	1.05	0.96	0.09
巴拉圭	1.13	0.91	0.22
秘鲁	1.11	0.99	0.12
乌拉圭	1.48	0.91	0.57
委内瑞拉	1.21	1.00	0.21

资料来源：United Nations, Demographic Yearbook 1944: 表7。

表3.1中第一栏和第二栏分别是农村和城市的男女性别比，超过1意味着男性数量更多。最右侧一栏是农村和城市的性别比的差，明显农村男性比例更高。

埃德隆德对这个城乡趋势提供的经济学解释是：城市有更好的工作机会，男性工资平均高于农村工资。而女性来到城市，看中的不仅仅是更好的就业机会（劳动力市场），还有更好的婚姻机会（婚姻市场）。

在进入理论讨论之前，埃德隆德有一段关于婚姻市场的讨论，这在当时文献里是很前卫的讨论：古罗马有言，母亲的角色是确定的，而父亲的角色是由婚姻决定的。所以在婚姻不存在的情况下，事实上只有一个家长——母亲。婚姻给父亲一个名正言顺的头衔，让男人有了享有孩子和监护孩子的权利，同时他要为婚姻进行支付。埃德隆德解释说"婚姻可以看作是男人跟女人交换资源，从而获取当父亲这一权利的一种交换合同"。

的确，从演化生物学角度看，女性是更具优势的性别。因为女性才能生育下一代。同时卵子也比精子更稀缺，女人生育的机会成本更高，所以男人只有取悦女人，才能取得交配权和繁衍权。

在这个前提下，工资更高的城市会吸引更多女性来找寻劳动力和婚姻市场的机会，增大女性的数量并提高"剩女"的可能性。埃德隆德用瑞典289个地区的25~44岁人口数据来做实证数据研究，证明了猜测——当一个城市的男性平均收入越高，对应当地的女人数量就越比男人多。

当然，导致男女比例变化的因素很多，所以埃德隆德的研究为保证严谨性还包括了许多控制变量。控制变量就是对性别比例这个结果有影响的，除了男性工资外的因素。例如，当地人口的聚集程度（女性可能更偏爱大都市的生活，喜欢更多的戏剧演出、博物馆等），某地区是否有军队或特殊产业（导致当地的性别比例特殊）等。加入控制变量的意义在于，我们可以肯定地说，在考虑了所有其他可能影响结果的因素之外，只看男性工资本身对性别比例的影响到底有多大。经济学里经常说的一句话——"当其他条件相同的情况下"，说的就是这个意思。

经济学里还有一个常用名词是内生变量。我们说因为男性工资更高，所以女性的数量多。但有没有可能因果是倒置的？因为女性的数量很多，导致当地劳动力市场里男性劳动力供给相对不足，所以男性收入更高？换句话说，不是工资水平的差异导致了性别比例的高低，而是性别比例的高低导致了工资水平的差异？简单说就是A导致了B，还是B导致了A？

补充一段技术性的经济学因果关系讨论：

> 看懂A和B之间的因果关系，就像看足球看懂了越位。因果关系是实证经济学研究里最看重的一

点。2021年诺贝尔经济学奖部分授予乔舒亚·安格里斯特（Joshua D. Angrist）和吉多·因本斯（Guido W. Imbens）以表彰他们对因果关系研究方法的贡献。

简单地说，经济学分成理论经济学和实证经济学。前者就是各种模型和推理，文字和方程。后者利用大量现实中的数据做研究，发现客观规律。

正确找到数据间的关系，无论对政策制定或行业发展都极其重要。例如，提高最低工资是否会降低就业？移民会如何影响收入和就业水平？接受更多的教育会如何影响一个人的长期收入？这些问题并不容易回答，因为现实不是在"没有提高工资、没有移民增加、没有更多教育"情况下发生的，我们永远不会知道"否则"的结果会怎样。

以简单的因果关系来说。到底是A导致B，还是B导致A？谁是因，谁是果？

比如，纽约的警察很多，同时纽约的犯罪率很高。警察多和犯罪率高，谁是因，谁是果？是因为犯罪率高导致市政府要加强警力，还是警察太多导致犯罪分子人数变多？

还有一种可能，就是A和B并没有谁导致了谁，即只有相关性却没有因果关系。

再比如，大量数据发现，有浴缸的家庭，孩子的高考成绩更好。肤浅的研究就会认为，家里都买浴缸吧，孩子保证能上大学。但是浴缸和成绩只有相关性，没有因果关系。相反，这可能是第三个原因导致的，例如父母受教育程度更高且收入更高，所以买得起浴缸，同时也重视孩子成绩，所以高考成绩更好。这个例子里，不是A导致B，也不是B导致A，而是C同时导致了A和B。

另外，处理内生变量的方法很多，埃德隆德用了稳健性检验（robustness check）。如果只看25~34岁这些劳动力市场和婚姻市场都比较稳定的人，结果是否会不同，是否还会是现在稳健的结果？埃德隆德巧妙地用瑞典首都斯德哥尔摩的数据做了一个检验，分别看大斯德哥尔摩郡里面的26个小市政地区。有可能某地区的男性数量特别少，所以当劳动力供给不足时，这个地区的工资就高。不过，因为这些地区都在一起，相互之间交通便利，所以可以认定它们之间有共同的劳动力市场，各地区的工资水平可以最大限度地排除性别比例的影响。

在较好地控制以上变量的条件下，埃德隆德还是得出了同样的结论：当工资水平高的时候，这个地区的女性比例还是更高。这就是个很成功的稳健性检验。

埃德隆德的文章提出了一个很重要的关于"剩女"现象

的经济学解释，那就是大都市里女性比男性多，因为女性到大城市既追逐更好的劳动力市场，也追逐更好的婚姻市场。所以"剩女"既是个全球现象，也是个经济现象。

中国有"剩女"现象吗？

从宏观结构数量上看，没有。中国男女比例失衡，男性数量过多，所以即便女性都到大城市来，也只是冲淡了大城市里男性过多的局面。

根据《中国2010年人口普查资料》，2010年全国新生儿男女性别比为1.19，即平均每五个女生对应六个男生。对每个男生来讲，你和宿舍同学或身边五个同事加起来，就有一个人找不到另一半。这个数字是不是很惊人？

其实正常情况下出生性别比并不是1，而是1.05左右，原因是男婴和男性的死亡率略高一些。①我重点关注年龄在20~39岁间的城市男女，跟埃德隆德教授的原因一样，他们是在婚姻市场和劳动力市场都相对稳定的群体。

国家统计局的数据显示，我们平时讨论的城市"剩女"根本就不是女性数量过多——全国所有地级市市辖区在此年龄段的男女性别比平均是1.05，依然是男性数量更多。

---

① https://ourworldindata.org/gender-ratio。

性别比例刚好为1的城市包括南通和海口。男性比例最高的是鄂尔多斯，1.42。女性比例最高的是武汉，0.83；河南信阳紧随其后，0.86。再看看北上广——北京，1.09；上海，1.07；广州，1.11。可以看出，即便是北上广这些有大量高学历高收入女性的城市，适婚年龄中的男性数量依然是远多于女性，如东莞1.2。

那以教育程度划分的适龄男女呢？高学历的适龄城市女性数量比男性更多还是更少？

2010年普查资料显示，20~39岁城市户籍人口（统计口径为全市）拥有本科和研究生教育背景的男女性别比例为1.06，而其中更年轻的群体，20~29岁的比例是0.99。这两个数字告诉我们，如果大家把"剩女"的讨论放在20~30岁之间的话，那么的确高学历的女性数量比相同学历的男性数量稍微多一点，但几乎可以忽略。而对于适合工作、适合结婚以及生育的整个20~39岁青年群体而言，高学历的男女比例是1.06，依然大于1，男多女少。

事实上，如果不考虑学历，全国城市人口20~39岁的男女比例只有1.0056。也就是说，如果都是在跟自己学历类似的群体里面寻找另一半的话，一般的城市女性面对比自己多0.56%的男性选择，而高学历城市女性的选择权更广，整整多出6%的男性可供选择，更有数量上的优势。

所以，高学历对女孩是件好事，代表有更多选择。

2010年的人口普查资料明确告诉我们，城市"剩女"现象不是因为女性数量超过男性。结婚率跟受教育水平成反比。"剩女"问题，不在于两性数量失衡，而在于婚姻市场中的结构失衡。

是她曲高和寡，还是他不懂欣赏？

对婚姻市场的研究可以借助成型的劳动力市场模型进行分析。

对于多数想结婚（这里类比为工作）却还处于单身（类比为失业）状态的人来说，寻寻觅觅的过程只是正常的摩擦性"失业"。劳动力市场除了结构性失业和周期性失业，总有一定程度的摩擦性失业。简单来说，个体找工作需要时间寻寻觅觅，雇主招人也不可能一夜之间就找到理想人选。所以一定程度的摩擦性失业不用担心，过于着急随便找个工作，不认真工作跟同事处不好关系乃至最后离职，才是对公司、对自己都不负责任的行为。当然也有由于心灰意冷而退出婚姻恋爱市场的——劳动力市场上对应的叫沮丧劳动者（discouraged worker），即愿意工作并努力寻找工作，但多次失败而放弃努力的失业者。

摩擦性失业告诉我们，真命天子都不会突然砸到头上，蓦然回首之前也先要众里寻他/她千百度。即使在男女数量和匹配结构平衡的地区,"剩男""剩女"现象也会出现。

更严峻的结构性"失业"在婚姻市场上的表现之一是男女双方的期待值。经济学上讲供给和需求,本文也从这两个角度探讨(供需双方地位平等)。

例如女性在婚姻市场上的供给。这方面劳动经济学里的经典文章非常多,特别是贝克尔教授的大量开拓性研究,阐述当女性教育和就业方面的条件跟男性趋于等同,当女性在劳动力市场上机会和收入大幅提高,传统男性赚钱养家的婚姻模式吸引力下降,导致女性在婚姻市场上的要求提高、"供给"下降。

同时,不少女性有双重标准。钱多事少离家近的工作现实吗?又要单纯善良,还要高富帅,又要对方事业有成,还要天天围着你转,这种对"暖男"+"真命天子"="暖龙"的无限期待,会在婚姻市场的选择上出问题。对婚姻有正确的态度和期待值,非常重要,否则即便是合适的人(Mr. Right)出现都不知道,结果白白错过。

再看婚姻市场上的男性需求方。大家批评"剩女"太挑剔,但批评男性的声音太少。事实上男性对性别角色的期待,也会影响婚恋市场的匹配效率。首尔大学的黄积修(Jisoo Hwang)2016年有一篇关于"剩女"的文章《家庭主妇、"剩女"和平等：亚洲和美国受教育女性角色的演变》（Housewife, "Gold Miss" and Equal: The Evolution of Educated Women's Role in Asia and the U.S.），指出男性不能接受受教育并把家务活外包的职业女性。黄积修和下文的另一篇文章有共通的一点，就是当一个国家的经济快速发展，并且女性教育和工作机会上升，而社会文化和人们心态还没有足够快地调整变化，此时婚姻的结合就会出现问题。

很多男性在婚姻市场有强烈的双重标准，要上得了厅堂下得了厨房、聪慧风趣漂亮赚钱之外，还要扫地洗碗做饭看娃。一边说女性能顶半边天，一边要求女性三从四德。黄积修这篇论文强调男性在婚姻选择方面的传统和迂腐，文章用"准婆婆"做了一个衡量，"准婆婆"的学历和工作经验会影响男性的性别观念和婚姻。更高学历和有工作经验的"准婆婆"的儿子普遍有更平等的性别意识，找到有工作的妻子的可能性也更高。在"现代"环境的受高等教育的日本裔和韩国裔结婚率均更高，特别是有大学学历的女性。研究采用经典的对比方法——同样都是日本和韩国的男性，一组人在原籍生长，一组人从小移民到美国。文章发现从小就移民到美国并接受西方"现代"性别和家庭观念以后，"剩男"和"剩女"的比重都大幅下降。文章讨论说，如果男性不愿意共同分担家务劳动，那么婚姻对男性从需求角度的回报大幅降低，他们宁可选择单身，成为"剩男"。

所以，当男性在特定成长环境里形成的对女性的看法和需求，和现代女性选择成为的角色不能均衡匹配的话，"剩男""剩女"现象就额外突出。

还好市场并不都是封闭的。越来越国际化的地球村里可以跨国婚配。川口大司（Daiji Kawaguchi）和李松慧（Soohyung Lee）2012年研究东亚地区的"婚姻移民"，写了一篇《可销售新娘：跨境婚姻和女性移民》（Brides for Sale: Cross-Border Marriages and Female Immigration），发现在发达的东亚地区，新婚里4%~35%的都是外籍新娘。文章发现，在其他条件一致的情况下，韩国和日本娶外籍新娘的男性都是年龄大、学历低，或者是农民的可能性更高。这些在本国难以内部消化的剩男，通过跨国婚姻找到了另一半。

生物学、经济学和社会学都会研究婚姻匹配。例如，2000年人口普查数据和2005年1%人口抽样调查显示婚姻匹配的基本模式是丈夫学历高于妻子，所谓的男性"向下选择"。假如我们把所有男人女人按照相貌、收入、性格等综合排序，那么最棒的男性最终可能选择了第二组女性，第二组男性选择了第三组女性。最后剩下的，就是教育和收入最高的女性，还有最低一组的男性。

这整个婚姻市场链条式的调整，从传统的匹配机制到新时代转变的动态平衡，关键是女性经济和社会地位的提高。

在我国语境下，新平衡还没有稳定，社会和文化上许多新时代男性和女性都还没做好相应的心理调适。男性需要开始接受洗菜做饭并不是贤妻良母的必要条件，女性也要开始接受收入没有自己高的丈夫。如果不对现代婚姻的期待进行调整，剩男现象会越来越严重，我们受教育程度最高、收入最好并且可能是最聪明有能力的女性，她们的基因可能永远传递不下去了。这对整个人类来说是浪费。

另外，"剩女"的概念是非常具有歧视性的，希望大家可以用胜利的"胜"字代替，或者加引号，将"剩女"作为一个社会课题而不是具体人群来单指。

虽然整篇都在讨论"剩女"，其实中国的剩男才是更严峻的问题。当城市的剩男可以娶其他地区的女性，在中国这个本身男女性别就严重失衡的国家，偏远地区的剩男比例会更加严重。剩男们的生活、养老、社会融入和加入全球剩男行列的竞争等，都是非常值得关注的。下一篇我们就来讨论剩男。

剩男和高犯罪率

导语 中国没有"剩女"问题,但有严重的剩男问题。如何应对?

雄性之间的竞争多数是为了雌性,所有其他的竞争都是为了更好地影响这个最终的竞争。①

——演化生物学家和社会生物学家罗伯特·特里弗斯(Robert Trivers)

2020年5月,第七次全国人口普查数据出炉,中国男性比女性多3 490万,这一数字引起大家广泛关注。

我最早写"剩男"问题是2016年初。那是个不平静的新年伊始。中国股市熔断和人民币持续贬值,中东战争和油价持续上涨占据新闻头条,日本宣布以负利率刺激经济,欧洲政治经济不稳定,一些国家突然发生移民对女性的性骚扰事件。性骚扰特别出现在吸纳难民人数最多的德国和瑞典,

---

① Males ultimately compete only for members of the opposite sex, all other forms of competition being important only in, sofar as they affect this ultimate competition.

使得欧洲内部对难民的态度更加两极化。

据《金融时报》报道，在德国科隆市"有超过500名女性就跨年夜发生的侵犯事件提出刑事申诉，其中40%声称遭到性侵犯，许多受害者指认袭击者是阿拉伯或北非血统的男子"。瑞典《每日新闻报》称在首都斯德哥尔摩"We are Stholm"的年轻人庆祝活动上，"大约50名主要来自阿富汗的年轻人参与了性侵，其中可能发生了一起强奸案"。

来到欧洲的大部分难民都是男性，并且是年轻男性，是跟欧洲文化里性别平等价值观不同的年轻男性。《经济学人》曾统计过，各国移民中60%~90%都是男性移民，其中绝大多数都是18~34岁的男青年。无论何种原因导致男性比例更高，如家里出钱愿意选择让男性冒险、男性更有可能在欧洲驻扎并找到工作且接全家人过来、不用被当地征兵等，欧洲（难）移民里主要都是男性。

在如此性别比例失调、不能融入欧洲社会生活的族群里，出事是早晚的。无论是多余激素无处发作抑或通过过激行为刷存在感，太多年轻男性聚集在一起，导致的结果之一就是当地普遍的犯罪率提高。

哥伦比亚大学的埃德隆德、斯坦福大学的李宏彬、芝加哥大学的易君健和香港中文大学张俊森四人合写的《性别比例和犯罪：来自中国的证据》（Sex Ratio and Crime: Evidence from China），利用中国1988—2004年各省的数据发现，16~25岁年轻人里性别比例每上升1%就会导致暴力犯罪和财产性犯罪的犯罪率升高3.4%（见表3.2）。在研究年份里性别比例增高了4%，也就是说由于性别比例增高导致的犯罪率升高了4×3.4%=13.6%。在整体犯罪率升高82.4%的背景下，说明由于"剩男"数量增加导致的犯罪率提高占全部犯罪的1/6之多（13.6/82.4）。

文章关注暴力罪和财产罪，一来是因为此类罪行不需要太高的技巧，二来是肇事者大多数都是年轻男性。注意看表3.2中带星号的数字（统计上有显著意义），16~25岁的男性犯罪率随着性别比例增高而变大。

表3.2　　　　　　　　　性别比例和犯罪率

	（1）	（2）	（3）	（4）	（5）	（6）
	因变量：犯罪率（取对数）					
ln（R1625）（16~25岁样本）	1.829** (0.823)	2.293*** (0.755)	−0.847 (1.103)	−1.000 (0.998)	−1.502 (0.996)	3.713** (1.812)
ln（R1025）（10~25岁样本）	1.030* (0.526)	1.567*** (0.452)	−0.303 (0.827)	−0.523 (0.830)	−0.687 (0.766)	0.570 (0.585)
ln（R2645）（26~45岁样本）	−4.090** (1.749)	1.984 (2.915)	0.495 (2.800)	−0.571 (2.393)	−0.644 (2.291)	6.551 (4.534)
ln（R4665）（46~65岁样本）	0.570 (1.053)	3.347** (1.609)	2.699** (1.204)	2.203** (0.987)	2.048** (0.891)	3.080 (2.080)

（续表）

	（1）	（2）	（3）	（4）	（5）	（6）
样本量	510	510	510	510	510	510
调整后R^2	0.284	0.284	0.516	0.544	0.565	0.732
按人口数加权后的结果						
ln（R1625）（16~25岁样本）	2.807*** (0.795)	2.621*** (0.722)	−0.966 (1.276)	−1.199 (1.001)	−1.672 (1.129)	3.363* (1.764)
ln（R1015）（10~25岁样本）	0.928* (0.474)	1.054** (0.476)	−0.884 (0.750)	−0.673 (0.672)	−0.946 (0.608)	1.186 (0.839)
ln（R2645）（26~45岁样本）	−4.591** (1.727)	−0.339 (2.327)	−3.513 (2.153)	−2.514 (2.171)	−2.720 (2.141)	6.346 (4.492)
ln（R4665）（46~65岁样本）	0.939 (1.339)	3.059*** (1.003)	2.844** (1.194)	1.468* (0.733)	0.616 (0.858)	4.265 (2.636)
样本量	2003494	2003494	2003494	2003494	2003494	2003494
调整后R^2	0.224	0.750	0.845	0.864	0.871	0.820
省级固定效应	No	Yes	Yes	Yes	Yes	Yes
年份固定效应	No	No	Yes	Yes	Yes	Yes
基本控制变量	No	No	No	Yes	Yes	Yes
额外控制变量	No	No	No	No	Yes	Yes
省级时间趋势	No	No	No	No	No	Yes

更高的（男性/女性）性别比例影响犯罪率有几种不同途径。第一，更高性别比例代表更多男性数量。如果男性比女性犯罪可能性更高，这本身就导致更高的犯罪数量。虽然这个影响很小，我们暂且称此为"男性影响"。第二，更高性别比例意味着相对更少的男性可以结婚，从而于男性间加大对女性的竞争，并可能增大从事更高风险的各类活动，可以称此为"激励性影响"。第三，高性别比例意味着当男性意识到结婚可能性降低，他们会更加好好表现，可以称此为"文明性影响"。

多说一句关于"激励性影响"的模型。本文依据克拉克和里斯1996年的"彩票模型"研究，探讨男性购买彩票参与抽奖，最大奖项是得到一位妻子。当性别比例提高，男性购买彩票的均衡值就提高。当然，当潜在可能的妻子数量越来越少的时候，男性不会永久持续地提高对彩票的投资。到某个点之后，过高的性别比例会降低彩票获奖的价值，使男性转而选择其他的人生追求。

我们再回来讨论性别比例对犯罪率的影响，作者们也研究了性别比例对教育、劳动力市场和家庭内部夫妻间讨价还价（bargaining power）的相关影响。结果显示，性别比例每提高10%，男女双方在家里做饭时间上的差别每周降低0.8小时，洗衣服时间上的差别每周降低0.2小时，看孩子时间上的差别每周降低2小时。同样，女性在参与家里大件商品（电视等）购买时的话语权差别降低9%。

上篇的"剩女"是加引号的，而剩男并没有。这是因为女性并没有数量上的过剩，恋爱和婚姻市场上的结构失衡是可以调整的。而剩男则是实实在在的数量过剩。英文里面讨论"剩女"沿用的是"剩下"的概念，为leftover，而剩男的剩用的是"多余"的概念，为surplus。所以"剩女"是个伪命题，而中国的剩男问题更值得我们关注。

中国有大量的剩男，根据《2012—2013年中国男女婚恋观调查报告》，在30~39岁的男性有1 196万人处于未婚状态，同年龄段女性有582万处于未婚状态。其中云南省的未婚性别比例高达1.22∶1，仅广东省的未婚性别人口数量差距就达到165万。宾夕法尼亚大学的沙雷金（Sharygin）、以色列希伯来大学的艾本斯坦（Ebenstein）和世界银行的达斯古普塔（Das Gupta）于2013年共同发表《中国未来新娘短缺对于单身男性地理分配和社会保护的意义》，预计到2030年，有超过20%的中国30~39岁男性会保持未婚，欠发达地区的农村贫困男性不婚比例会尤其高。以贵州为例，假如现行婚姻市场匹配体系变化不大（假如女性愿意早结婚或跟更年长的男性结婚，可以短期推迟但不能解决剩男问题），到2050年30~39岁依旧未婚的男性比例会超过50%。

当然还是那句话，不是结婚就比单身好，贝克尔在《家庭论》中提出，人们结婚的目的在于从婚姻中得到最大化的效用（包括收入或幸福度等）。如果婚姻的效用超过单身的效用，那么人们就会结婚，否则就继续单身或者离婚。

历史上看家庭的演变，在传统社会中，"家庭，或者更确切地说，亲属家族在很大程度上是非常重要的，因为它可以帮助家庭成员抵御不确定性"，无论是天灾人祸还是各种危机。所以在传统社会里，婚姻是最重要的事情之一，在这种环境中，追求爱情的婚姻很难被容许，除非这一婚姻能够为家庭带来利益。

但到现代社会，"市场推进了贸易和生产的迅速发展，高速发展的经济环境又进一步改变了技术、收入和就业机会"，此时年轻人面临的是和前辈完全不同的经济和社会背景，家族在现代社会已远不如传统社会那样重要，"市场保险已经代替了家族保险，市场学校已经代替了家庭学校，考试和合同代替了家庭的资格证明"。特别是过去的半个世纪里，家庭的概念发生了巨大而深刻的变化。

但是，城市里的"剩女"更多是有经济能力的，可农村的剩男们即便想降低标准都不一定能娶到媳妇，能从其他国家娶一个新娘都是奢侈的选项。文章提到的2004年犯罪率对应的16~25岁的孩子出生时间在1979—1988年，但是后期我国性别比例失调持续加重，从1982年人口普查的性别比例108.5、1990年111.3、到2000年116.86，2022年数字略有下降但依然有111.1，和1990年持平。2000年出生的孩子今年24岁，这对应的是，在过去20年间由于出生性别比例提高而导致的犯罪率就有将近30%的增长。这是相当高的数字。

  剩男的问题不仅在青春期，他们的养老问题也将是越来越严峻的问题。他们没有妻子或下一代的支持，对收入降低或者生病等不确定因素极其缺乏抵抗力，积蓄及社会保障也无法支持他们养老所需的费用。他们的生活以及以后的养老问题等都是我们需要密切关注的。所以倡导性别平等、调整养老保险、疏导和管理各种罪行等都是需要尽快推进的相关政策。

经济学教你怎么恋爱

导语 八条经济学原理教你怎么谈恋爱。

心态上,不要为一时的摩擦性失恋沮丧,积极拥抱生活,认识新朋友。在《"剩女"经济学》中,我提到婚姻市场和劳动力市场的比较:劳动力市场会有摩擦性失业,婚恋市场也有摩擦性失恋。找工作需要投递简历,找另一半也要迈出家门积极见人。

合理调整婚姻期望值(不是随意凑合),要降低不合理的对己对人的双重标准。

了解自己的效用方程。经济学的所有一切都是为了获得最高效应,可以是金钱、快乐、幸福等。你更注重什么?高富帅三个排名的优先级是什么?情绪价值重要还是礼物更重要?吴彦祖和陆毅同时追求你,你选择哪个?只能和汤姆·克鲁斯、丹尼尔·戴-刘易斯其中一个人结婚,你选择哪个?

了解自己需求的一个方式就是去尝试。去恋爱吧,去和不同的男生恋爱吧,在过程中更好地了解自己的需求,也锻炼爱情的技巧。

另一个方式是借助朋友和家人的建议。

记得在斯坦福商学院时，有堂课的老师正在讲金融风险投资，如何选择合适项目的早期天使投资。当时我和另一位单身女生瞬间穿过教室，四目相对，不约而同地认为这个有趣，来听听如何睿智地选择"投资项目"。

老师讲了很多要关注的重要指标，包括了解我们（投资方）、项目以及和项目创始人的匹配度等。前提肯定是要了解我们自己。当时我和那个女生又四目相对，然后我问了以下问题：如果不够了解自己怎么办？

老师具体的回答我不记得了，但记得两个大致方向。第一，找了解你的人来帮你权衡判断。也就是找了解你的男闺蜜、女闺蜜和家人，帮你参考。第二，给自己一个时间限制，不能一直拖下去。投资有时效，设立一个截止日期。这个通常会帮助你做选择。

找不到工作时，我们会去进修或培训来提高自己的技能，没有找到另一半的时候，抓紧充电吧。让自己在婚姻市场上更有魅力和价值——健身、旅游、读书、冥想等，让自己的生活更精彩。

在一个城市找不到工作，那就换一个城市。一个行业不适合自己，那就寻找自己感兴趣和可以发挥比较优势的行业。你懂的。

该分手时果断分手。学会放下。永远不要因为"舍不得"或者"已经投入了这么多"而不放手。经济学里的沉没成本讲的就是已经过去的投资不要再考虑，只放眼未来，不考虑过去。如果以后没有可能走到一起，以前投入再多都没有任何意义。果断结束，停止浪费的继续投资，开始新生活。

传统恋爱是男性追求女性。2012年诺贝尔经济学奖得主罗伊德·沙普利（Lloyd S. Shapley）研究市场配对机制，该研究可以广泛应用，无论是孩子和学校配对，捐献人体器官跟病人配对，或婚姻市场的配对。

举个例子。假设异性恋的男女各一组，数量相等。两边都对对方的异性有相当的了解，偏好清晰。第一轮开始，每个男的去找他最喜欢的女性。女性除非遇到自己最中意的男性否则都拒绝，然后开始第二轮，周而复始。女性如果接下来有更好的男性就把开始的选择甩掉。如此重复，直到所有人都配对成功。这样最终的结局是稳定的。

这个配对机制的前提是女性被追逐，她最多能选择追求者中条件最优秀的，但这不一定是她自己最喜欢的。随着性别比例差距变大，随着更多女性自我独立，随着不是所有女性都一定选择谈婚论嫁，那么女性追逐男性会大幅度提高女性的最高婚恋市场效用。所以，女孩子们，也开始追男生吧。

婚恋市场上的"效用交换"有很多种，例如收入、颜值、幽默感等。近几年"情绪价值"很流行，其中如何更好地表达爱意也是重要的一部分。我来举例教大家如何用经济学轻松幽默表达浪漫爱意，不仅用语言，也用简单直观且有趣的经济学图表：

（1）我的心里只有你！见图3.1。

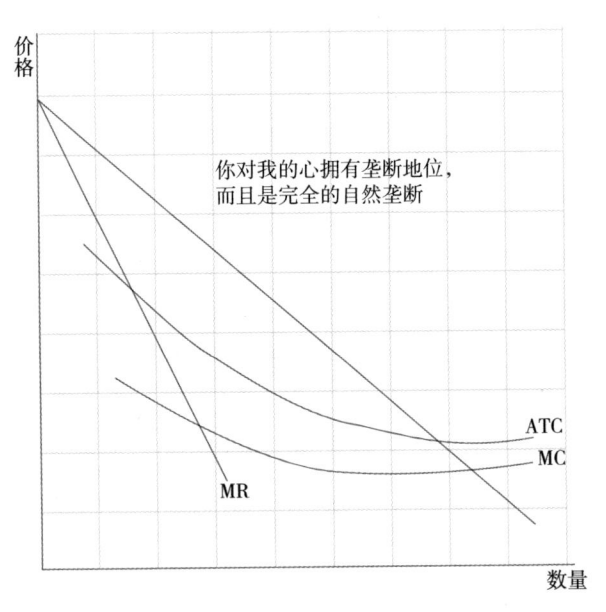

图3.1 你在我心中的地位

（2）无论股市怎么跌，我都一路看涨你。

图3.2中，最上面的线代表的是对你的坚定心意，会随着时间一路上扬，绝对的价值潜力股。

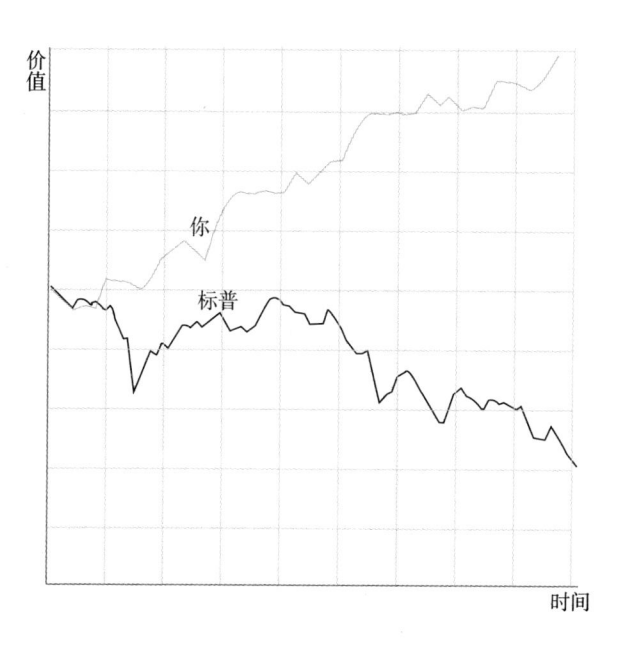

图3.2 我看好你

（3）如果你是一只股票，我就坚定牛市。

爱情是非理性，不对称的
但我都不在乎，就是爱你
如果你是股票，那么我是看涨的

吻你	股票代码

企业名称：超赞的你（希望很快成为我的私有）

股票价格：无价（并且一天都比一天好）

对比股：	无与伦比	Add

推荐摘要	
平均推荐（本周）	1.0
平均推荐（上周）	1.0
换手率：	0.0

（强势买入）1.0-5.0（卖出）

图3.3　股票坚定

（4）和你在一起后，我对爱情的信心指数是100%（见图3.4）。

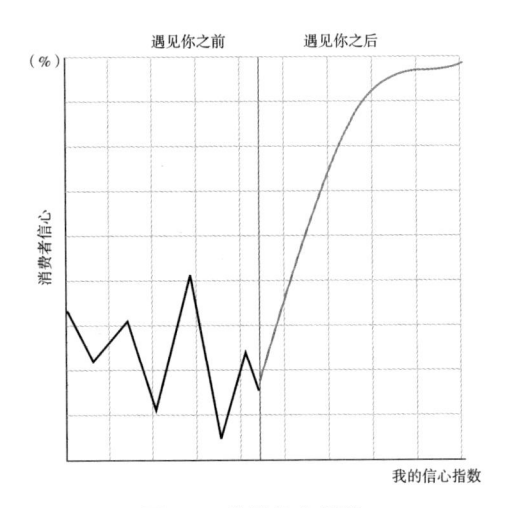

图3.4　我的信心指数

遇见你之前,我对爱情(消费者)信心低迷。现在我信心高涨,确定就是你!

(5)执子之手,与子偕老。

咱俩的信用违约互换(CDS)的违约风险永远为零(见图3.5)。再也不会分开,不再让你孤单。

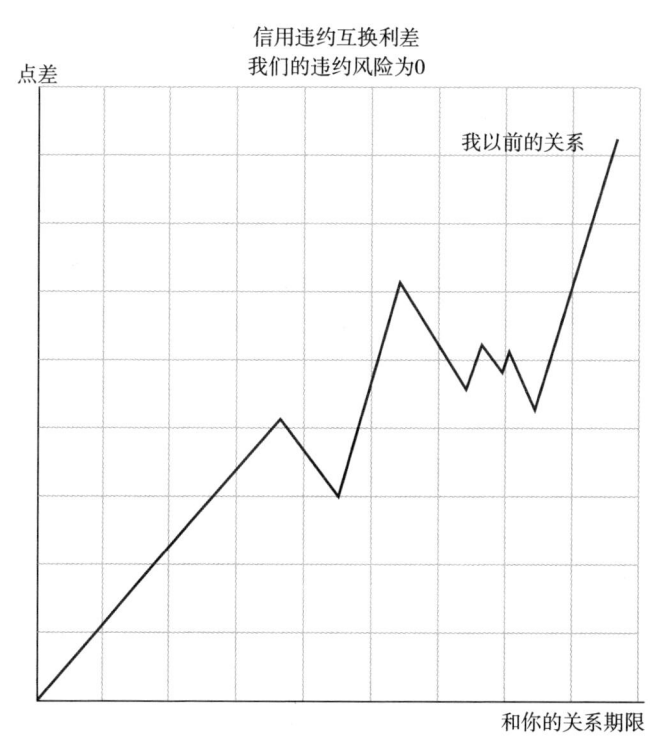

图3.5 违约风险为0

(6)越了解你就越爱你。

图3.6发给对方后，可以再轻描淡写拽拽地加一句——我觉得不应该是直线，应该是指数函数才对（跟你在一起的时间越多，爱你会越多）。

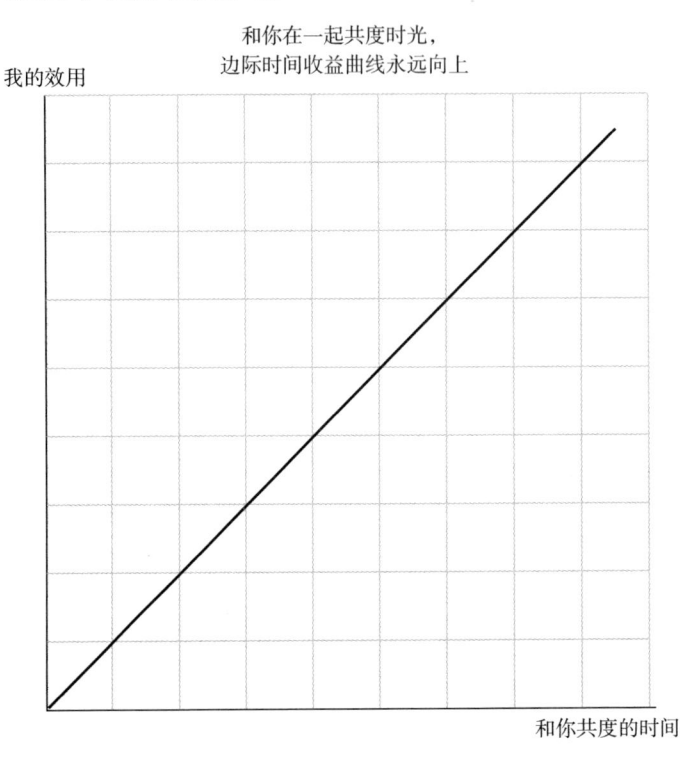

图3.6　边际效用向上

对方要是接受了你的表白，你就可以直接说"让我们一起降低恋爱婚姻市场的摩擦性失恋率吧！"

祝天下有情人终成眷属。

别再说"帮"太太做家务*

导语 妻子收入增加,能改变传统家务分配的不平衡吗?理论上,家务分配由丈夫与妻子的经济地位决定,但事实上,当妻子收入大于丈夫,她们居然需要通过做更多家务来凸显她们的女人味和好妻子形象,以弥补性别角色的偏差。须知,家务活不应该只是女性的职责。

在某综艺节目中,一个初中小女孩站在全校同学面前大声吐槽让她学习做家务的妈妈:"我的另一半为什么就不能帮我做?"

妈妈的教育固然是出于她的生活经验,但小女孩天真而直白的质问一语道破其中心照不宣的社会刻板印象。

这样的场景仿佛很熟悉:忙了一天后回到家,做饭、洗衣、打扫,还要检查小孩作业,累得不行时,老公过来说"我帮你洗碗吧"。他是出于好意、是心疼,但如此一个"帮"字,仔细想想,其实传达的意思是家务活就是老婆该

---

* 本文作者姚明君、刘倩。姚明君,伦敦政治经济学院硕士一等荣誉,热爱读经济学论文的"95后"投行女。

做的，是不是老婆还得表示感谢？

现如今普通家庭里的家务分配情况是怎样形成的？我们能从中得到什么样的启示？社会学家早已给出答案。

最初，社会学家认为家务的分配由丈夫与妻子的经济地位决定。因为家务劳动费力不讨好，个人拥有的经济资源越多，就越可以使用这些资源提高讨价还价的能力，使自己避免枯燥的家务劳动。所以，理论上，夫妻双方的收入差距越小，家务劳动分配越平均。

那么，在男女收入相差不大的家庭，家务活是平均分配的吗？

社会学家和经济学家通过研究澳大利亚的数据，发现情况并非如此。家务在丈夫和妻子间的分配呈现的是一条U形曲线（见图3.7）。

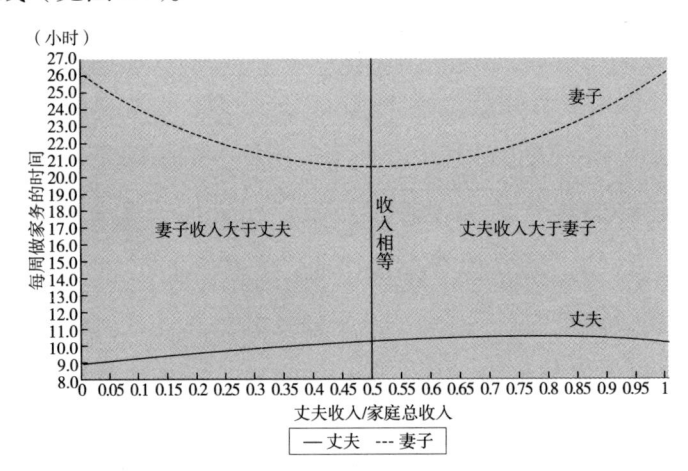

图3.7 夫妻家务分工情况

横轴是丈夫收入占家庭总收入的比重，中间的竖线代表夫妻收入相等，右边是丈夫收入更高，左边是妻子收入更高。其中最直观的是，妻子的夫妻曲线远远高于丈夫，说明无论收入贡献多少，女性总是承担更多家务的一方。

研究中，1992年澳大利亚女性平均每周花23个小时干家务，而男性只用11小时。即使双方收入相当，妻子做家务的时间仍然是丈夫的两倍。到2010年，澳大利亚女性平均每周仍然做13.8小时的家务，而丈夫仅为8.3小时。

中国的情况呢？

同为2010年的数据，北京大学中国家庭追踪调查发现，城镇女性每周花13.9小时做家务活，城镇男性为8.6小时；农村女性为16.8小时，农村男性为10.6小时。[①] 中国城镇家庭的情况与澳大利亚已经相差无几，但农村家庭的女性仍需要做更多的家务。

无论城镇还是农村，中国男性做家务的时间都仅为女性的2/3。

再者，收入对男女承担家务的影响不同。从两条曲线可以看出，女性的家务时间受收入影响明显比男性大。

在他们的模型中，假设丈夫每周工作40小时，当妻子

---

① https://opendata.pku.edu.cn/dataset.xhtml?persistentId=doi:10.18170/DVN/45LCSO。

的每周工作时长从0小时增加到与丈夫相等的40小时，妻子做家务的时间减少了7.6小时，但丈夫做家务的时间只增加了2.7小时。妻子不再承担的那部分家务转变成了外部购买，没有相应转移给丈夫。这说明在家务分配方面，丈夫的议价能力远远高于妻子。

值得关注的是，尽管初期妻子收入增长能减少家务劳动时间，但这种效应并不持续。澳大利亚的研究发现，即便妻子收入开始超过丈夫，在图3.7左边区域，妻子做家务的时间居然开始增加，她的家务负担非但没有减轻，反而越来越重。

为什么会这样？社会学家们引入第二个理论：社会性别展示（gender display）。

性别展示理论认为，在家务劳动的分工中，传统性别观念的影响可能远比双方掌握的经济资源更重要。因为个体行为总是受他人期望的影响，男性和女性往往会做符合性别期望的行为来获得别人的认同，也就是社会学所说的"实践性别"。

当社会大环境期待男性应该是家庭的经济支柱，女性应该分管家庭内部事务时，家务劳动就不再是中性，而是有了特定的性别期望。

所以当妻子收入大于丈夫，她们要通过做更多家务来凸显她们的女人味和好妻子形象,从而弥补性别角色的偏差。这使得女性做家务的态度更积极主动,直接导致双方家务分配的额外不平等。

在我国,这种性别展示现象是否存在,影响又有多大?

2014年香港科技大学於嘉教授的研究发现,中国农村家庭的家务分配明显受到性别展示的影响,而城镇家庭则不明显(见图3.8)。[①]

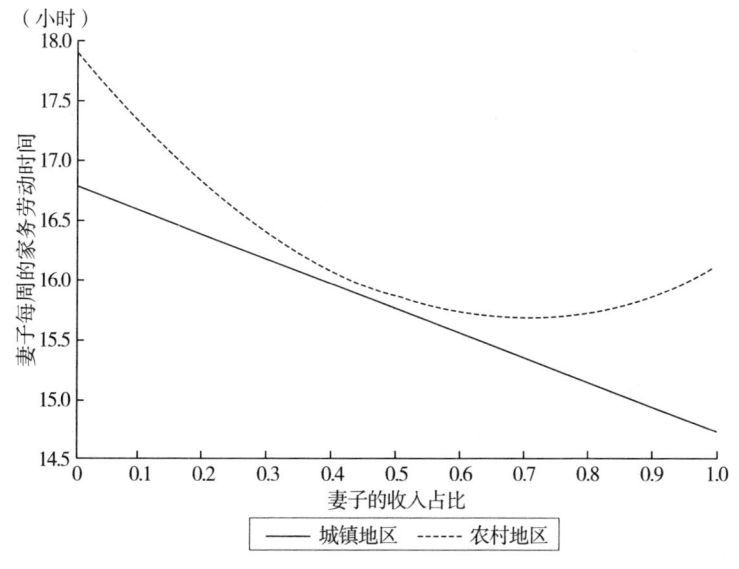

图3.8 女性的家务时间受收入的影响

---

① 於嘉. 性别观念、现代化与女性的家务劳动时间[J]. 社会,2014. 34(02):166-192.

当农村妻子的收入增加至夫妻总收入的69.3%之后,其家务劳动时间不减反增(见图3.8)。而城镇女性的相对收入每增加10%,每周可以持续减少0.205小时的家务时间。

这一差别正显示出性别意识的作用。相比农村地区,城镇男性女性的性别意识更趋近平等,已婚女性并不会因为成为家庭的经济支柱而感到违背了性别角色,因此无须选择多做家务来体现女性特征以维持家庭的稳定,所以没有明显的性别展示现象。

一个"帮"字并非咬文嚼字,更不是无关痛痒,它背后代表的社会性别意识决定着每一个家庭中的家务分配。很多时候,性别不平等就是以这样的方式悄悄潜藏在我们每天的集体无意识之中,而每改变一点这些小小的"无意识",对性别平等的推动作用就可能是巨大的。

以后,别再让丈夫"帮"太太做家务。因为家务并不是女性的任务,她需要的并不是"帮忙",而是让家务重新成为每个家庭成员的共同义务。

经济学和春节反逼婚*

导语　三篇经济学研究教你如何科学"反逼婚"。

每年春节前,适婚年龄的朋友们都担心回家过年被催婚。在外奔波了一年,本想回家做一枚安静的美男(女)子,抬头却撞见了父母殷切的期盼:什么时候结婚啊?隔壁老王家的孙子都会打酱油啦!对于那些受过一定教育,背井离乡为梦想奋斗的适龄未婚小伙伴们而言,"每逢佳节被催婚"可谓是挥之不去的噩梦。

男孩子相对还好些,用传统观念的"先立业再成家"似乎是个不错的理由,女孩子们则动辄被冠以"剩女"之名,"工作好不如嫁得好"和"读那么多书有什么用"的观念依旧受众广泛。新一代的我们想要追寻婚姻自由,又不愿伤害同父母的感情。我们来分享三篇严谨的经济学文献,帮大家严肃正经且有理有据地回应催婚。

---

* 本文作者刘倩、职嘉男、张兰。张兰,毕业于复旦大学。

文献1　因为"有文化",所以还未结婚。

2014年,我和中国社会科学院的吴要武在《经济学(季刊)》上发表过一篇文章《高校扩招对婚姻市场的影响:剩女?剩男?》。传统人力资本文献着重探讨教育对个体在劳动力市场的回报(Becker,1975;Card,1999),近年来的研究则将注意力延伸到了更广阔的社会和婚姻市场(Currie and Moretti,2003;Lochner and Moretti,2004),将收益定义为个体在更广阔领域的回报总和。文章利用1999年的高校扩招作为经济学社会试验,利用三重差分法评估高校扩招对婚姻市场带来的影响。

简单来讲,高校扩招作为当时的新政,不仅导致大学生和研究生入学人数迅速增加,同时由于女性成绩普遍比男性高,导致接受高等教育的性别结构也发生了重要变化。由于扩招前后的学生在婚姻市场里教育、收入等择偶选择和结构发生明显变化,所以比较1999年前后接受高等教育的人在婚姻市场上的结婚率,是个"干净"的实验比较和有效政策评估。

首先,根据婚姻阶层假说(Schwartz and Mare,2005;Choo and Siow,2006),男性不喜欢比自己有文化的女性,伤自尊;女性不喜欢比自己文化低的男性,没面子。但扩招后,随着高知女性比例越来越大,这一淳朴的择偶偏好开始难以实现。1998年之前，无论本科生或研究生，男性都占显著优势；高校扩招以后，女性接受高等教育的人数增加更快，缩小了性别差距。

根据教育部统计的各级各类学校女学生数，本科的女生占比53.7%，研究生的女性占比50.94%，女性本科生和研究生的数量均已超过男性（见表3.3）。

表3.3　不同受教育群体中男性的比例　　（单位：%）

	2000年	2005年	2010年	2000年	2005年	2010年
	本科生			研究生		
20—24岁	60.1	50.4	50.4	58.8	44.2	46.3
25—29岁	60.8	52.3	50.4	59.5	50.8	49.4
30—34岁	65.0	57.9	53.3	67.1	61.0	55.3
35—39岁	70.4	62.2	57.7	77.6	68.6	62.7
40—44岁	70.7	68.6	61.5	83.6	76.8	68.7
45—49岁	68.1	69.3	67.0	80.9	81.2	76.7
50—54岁	72.5	68.6	68.6	82.4	80.3	79.3
55—59岁	71.9	72.0	67.1	87.9	85.2	77.5
60—64岁	77.0	70.6	70.4	82.8	84.8	80.1
65岁及以上	79.3	76.1	72.9	76.9	82.8	79.2
总计	65.2	59.7	54.9	69.9	63.6	56.6

资料来源：相关年份人口普查数据。

其次，女性把年轻时光也献给了学术，等到毕业之后再考虑婚姻大事，才发现自己在容颜与生育能力上的"传统优势"降低，增加择偶难度。男性结婚率也下降，但女性下降幅度更大。统计模型发现获得扩招影响的研究生，在此期间结婚率下降了4.8个百分点；相对于本科生，女研究生下降了6.6个百分点；男研究生则下降了3.8个百分点。相对于高中毕业生，25~34岁的本科生在此期间结婚率下降了约4个百分点，女本科生下降了5个百分点，男本科生下降4个百分点。可以看出，研究生相对于本科生结婚率显著下降，本科生相对于高中生的结婚率也在显著下降。总的来说，就是受教育延长会降低结婚率。

但是他们也可能"不忘初心"。这篇文献研究的数据来源为国家统计局2000年和2005年的人口普查以及2002—2009年城镇住户调查数据，掐指一算，1999年扩招后的第一批大学生到了文章发表的2014年也不过是34岁。不婚未必永远不婚，其他国家的经验证据也给了我们很好的启示。

文献2　不是不结婚，只是晚结婚。

第二篇文献来自普林斯顿大学的戈德斯坦和肯尼（Goldstein and Kenney, 2001）[1]。近年来，欧洲教育水平相对较高的国

---

[1] Joshua R. Goldstein and Catherine T. Kenney. Marriage Delayed or Marriage Forgone? New Forecasts of First Marriage for U.S. Women[J]. *American Sociological Review*, 2001. 66 (4): 506-519.

家，越来越多的人选择同居而不是结婚。例如，据法国国家统计与经济研究所统计：2000年法国同居登记的人数为2万对，2011年迅速上升到21万对，与此同时，法国结婚人数从2000年的30万对减少到2011年的24万对，考虑到许多同居者没有办理同居登记，因此法国同居者的比例已经远远超过了结婚者。法国政府甚至还出台了两人同居协议（Pacte de Solidarité）加以规范。

文献发现美国新娘年龄的中位数从1970年的20.8岁推迟到1998年的25岁，但利用预测模型发现美国女性的总体结婚率达到90%左右（图3.9）。也就是说人们虽然结婚晚了，但绝大多数人仍然没有拒绝婚姻。

另一个有意思的发现是，受教育程度越高的女性，结婚的可能性越高，而受教育程度较低的女性更倾向于不结婚。这一结论同样可以利用贝克尔（1973）的观点加以解释。首先，只要结婚的效用更高，婚姻行为就会发生，高知女性更容易受到高知男性的青睐，他们之间的结合是双赢。其次，贫贱夫妻百事哀，受教育程度较低的群体不是没有结婚的欲望，而可能是无法承受婚姻的负担（Oppenheimer，1994）。[1]

---

[1] Valerie Kincade Oppenheimer. Women's Rising Employment and the Future of the Family in Industrial Societies [J]. *Population and Development Review*，1994，20(2)，293-342. https://doi.org/10.2307/2137521.

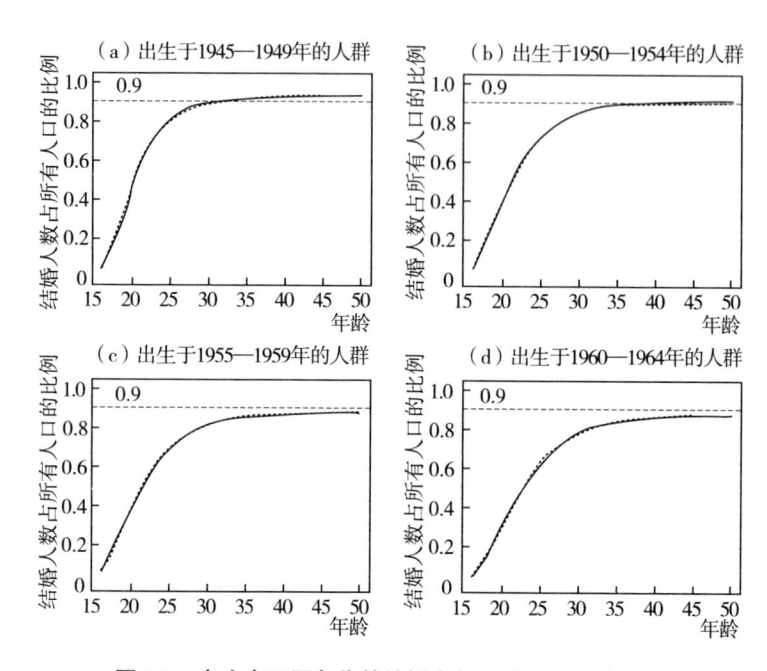

图3.9 出生在不同年代的结婚人数占所有人口的比例

以相关文献为参考,现在不结婚的人也许不是不婚,只是在静待良人。这就带出来新的问题:早婚和晚婚,哪个更幸福?

文献3 早婚多坎坷,晚婚更快乐。

伊森和史蒂文森(Isen and Stevenson, 2010)的论文《女性教育和家庭行为:婚姻、离婚和生育的趋势》(Women's Education and Family Behavior: Trends in Marriage,

Divorce and Fertility)探讨了女性受教育程度与离婚、再婚、生育情况、幸福感之间的关系。

没有大学学位的美国女性通常在20多岁就选择嫁人,有大学学位的女性更倾向在30岁甚至40岁后结婚,这跟我们上文关于受教育程度高的女性晚婚的论述是一致的。研究还发现,拥有大学学位的女性相比于没有大学文凭的女性离婚率更低(见图3.10)。随着社会变迁,结婚5年内离婚越来越普遍。但研究发现这种现象在没有上大学的女性中更常见。

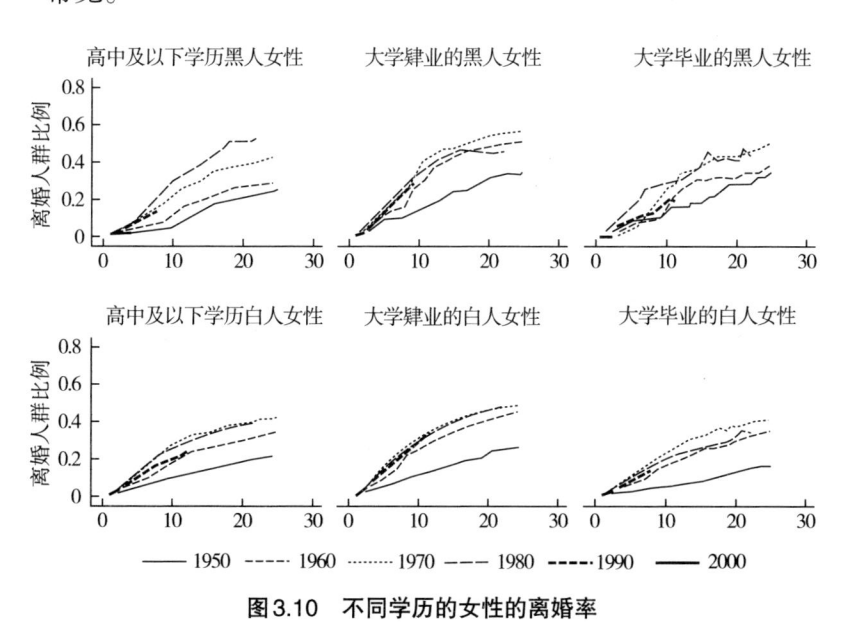

图3.10 不同学历的女性的离婚率

相比于没上过大学的女性，有大学学历的女性认同婚姻幸福的比例更高（见表3.4）。白人女性中，无论是20世纪70年代还是21世纪第一个十年，有大学学历（相比于没有上过大学）的女性认同婚姻幸福的比例始终高出8个百分点。70年代上过大学的黑人女性认同婚姻幸福的比例也高出未上过大学的黑人女性13个百分点。

表3.4　　　　不同人群中认同婚姻幸福的比例　　　　　（%）

		白人女性	黑人女性	白人男性	黑人男性
大学学历	20世纪70年代	74	59	70	49
	21世纪第一个十年	67	55	74	54
非大学学历	20世纪70年代	66	46	70	55
	21世纪第一个十年	59	55	63	54

以上实证研究的结论告诉我们，当所有其他条件一致，受过大学教育的女性更容易过上"晚婚晚育幸福"的生活，而没有受过大学教育的女性相对更可能面临"生育、结婚、离婚、单身或同居、再婚"。

父母的催婚行为无疑是出自关心和爱，当我们过年再碰上这种爱时，不妨如下作答：大量经济学文献发现，因为我读书时间长，所以我会结婚晚，但婚姻会更稳定幸福。希望大家不再担心催婚，有底气地继续读书和探索自己。

性别的离婚经济学*

导语 离婚在中国越来越普遍,是好事还是坏事?哪类人群更容易离婚?离婚对女性和男性的影响有何不同?离婚后生活、事业和情感的发展如何?

本节利用最新的劳动经济学文献分析"成功"的男性和女性在离婚问题上的不同选择,希望从性别的视角探讨离婚问题。

成功女性的婚姻似乎额外不幸。奥斯卡金像奖有个著名的爱情魔咒,维基百科解释为"奥斯卡魔咒——女性在获得奥斯卡金像奖女主角之后会很快被男朋友或老公'绿',或者离婚"。熟知的例子比比皆是。从演出《律政俏佳人》和《一往无前》的瑞茜·威瑟斯彭(Reese Witherspoon)在获奖后8个月宣布离婚,到五次被评为"全球50位最美丽的女人"和拥有所谓好莱坞最美胸部的哈莉·贝瑞(Halle Berry)在获奖后几个月发现被劈腿然后分手,到扮演《生死时速》

---

* 本文作者刘倩、张兰。感谢性别经济学和劳动力市场国际研讨会的所有参与者。

和《特工佳丽》的桑德拉·布洛克（Sandra Bullock）在获奖后十天发现婚姻问题四个月后火速离婚，还有朱莉娅·罗伯茨（Julia Roberts）、凯特·温斯莱特（Kate Winslet）、格温妮斯·帕特洛（Gwyneth Paltrow），等等。

其实，获奥斯卡金像奖男主角后离婚的男性也有，但比例跟女主角差别很大。这不禁让人好奇：成功对男性和女性离婚的影响一样吗？事业的成功和家庭的幸福不可兼得吗？还是只有女性职场的成就需要以牺牲婚姻为代价？

这个问题一直受到大家关注，但要得到科学严谨的答案却不容易。第一，职场晋升与离婚的数据不易获取。第二，我们很难排除一种可能性，职业成功的男性或女性可能拥有某种特质让他们本身就是易离婚群体。类似前文提到的不是浴缸大小导致高考成绩高低，而是第三个因素同时导致浴缸大小和成绩高低。第三，可能成功前已经有感情问题，导致女性在事业中投入更多时间和精力，所以更成功。也就是经济学中的反向因果关系，不是A导致了B，而是B导致了A。福尔克（Folke）和里克奈（Rickne）的《单身女性们》（All the Single Ladies）一文利用瑞典独特的政治制度，通过巧妙的经济学设计排除了以上问题，历史上第一次科学严谨地揭示了女性职业成功与离婚率的因果关系。

文章利用瑞典的真实数据观察三组人——成功竞选成为

市长、成功竞选进入国家议会，以及成为大公司CEO的人，结果发现获得最高层级的工作提高了女性的离婚率，但对男性没有影响。

越传统的家庭，例如妻子比丈夫年轻三岁以上，且女方承担更多产假（瑞典的产假是夫妻共同分享）时，离婚更容易发生。在双薪家庭（男女双方收入都不低于家庭总收入的40%，也不高于家庭总收入的60%）中，如果女性的晋升使得家庭收入结构从"平等"变为女方是主要挣钱者，即女方收入超过家庭收入的60%，则晋升后三年内超过15%的人会离婚。但是，在相应的男性群体中（从"平等"收入变为男性收入超过家庭收入的60%），才只有3%会离婚。

以竞选市长一组为例。抛去瑞典独特的政治制度细节不谈，我们只需要知道文章比较的是竞选市长成功和没有成功的女性，而且竞选成功与否完全跟能力无关，只跟选举制度或政党有关。换个方式理解：两组女性完全一样，一组很幸运地成为市长，另一组很不幸没有成为市长，竞选是否成功完全是随机事件。

同时文章比较了竞选市长成功和没有成功的男性。然后把男女两组在竞选前后婚姻状况的差距进行对比（见图3.11）。

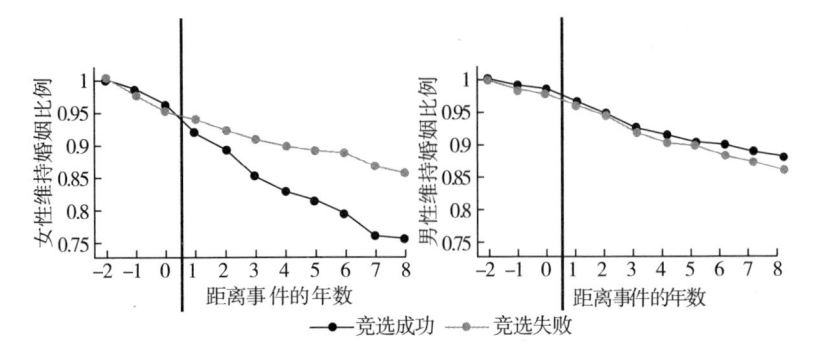

图3.11　男女在竞选前后婚姻状况的差距对比

左边一栏是女性竞选前后婚姻状态的对比，右边是男性竞选前后的对比。实线代表竞选成功的样本，虚线代表竞选失败的样本。纵坐标显示的是样本维持结婚状态（没有离婚）的比例。

从左边的图可以看出，竞选前（垂直线左边）两组女性的婚姻稳定度一致，但（实线所代表的）新任女市长们在竞选成功后维持婚姻的比例明显持续下降（实线比虚线低，且距离不断加大）。而右图显示，实线所代表的新任男性市长们在竞选成功后维持婚姻的比例上升（实线高于虚线）。与未竞选成功的女性相比，竞选成功的女市长们在晋升三年内离婚率高出7~8个百分点。

计量经济学处理加入女性性别变量和晋升变量的交互项，可以体现"成为市长"这一事件对于两组男性样本的离婚率差异和两组女性样本的离婚率差异是否存在不同影响。也就是说，不仅看晋升对离婚率的影响，更重要的是看这种影响是否存在性别歧视。

研究表明，竞选市长成功对离婚率提高有明显影响，但都是对女性的影响而没有影响男性。事实上，在"非常接近的竞选（胜出一方的得票率优势小于2.5%）"样本中，男性晋升后婚姻稳定率甚至有所提升。晋升使女性保持已婚的可能性降低了5~11个百分点。这个效应非常显著。如果我们用对照组，即未晋升女性的离婚率作为"正常"离婚率的基准（4年时间内为6%），那么7个百分点的估计值就意味着晋升会导致离婚率增加一倍以上。而除了"非常接近的竞选"样本中男性成功后婚姻稳定率有提升，晋升对男性的婚姻持久没有显著影响。

无论是竞选市长成功、竞选国家议员成功（图3.12a），还是晋升成为企业CEO（图3.12b），三组结果都非常相似。晋升成为CEO的女性在三年内离婚的可能性是晋升男性的两倍多。

结论

福尔克和里克奈这篇非常有意思的文章研究职业成功对男女婚姻稳定度的不同影响，揭示职业晋升会导致女性离婚率增加一倍以上，而对男性则无影响。这是历史上首次科学严谨地确认离婚领域里的性别歧视。

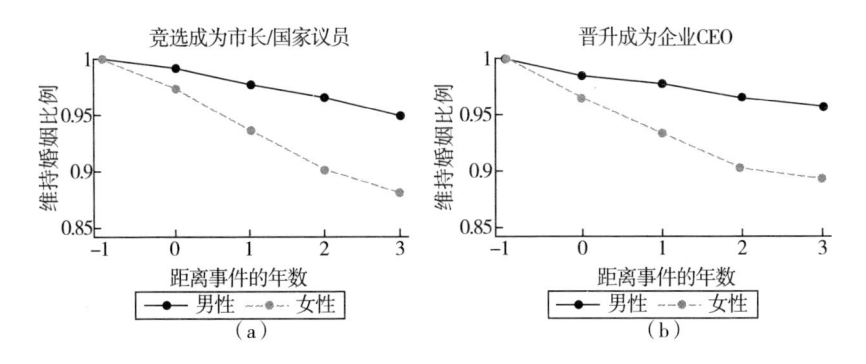

图3.12　竞选市长/国家议员成功和晋升成为CEO后三年内的婚姻状况

事业和家庭对男性是兼得，但对女性则要取舍。这是性别不平等的重要体现。个人职业进步和提高家庭收入不一定对所有家庭都是积极的正向因素。晋升和收入模式按照男性主导的传统规范转变对维持婚姻可能有正向影响，而与传统规范背离的模式转变则是婚姻效用下降的来源。

这篇文章研究的可是全球性别差距最低的国家之一瑞典。即使在这个我们当作范本的性别相对更平等的国度里，晋升到高层职位都极大增加了女性离婚的可能性，但不影响男性婚姻。相关研究甚至表明，女性会主动阻止自己的职业生涯前进以避免比丈夫更成功（Bertrand, Kamenica and Pan, 2015），而且由于家庭压力，她们比男性更有可能避免寻找高层职位（Silberman，2015）。博川德等人（Bertrand et al.，2010）考察了芝加哥大学商学院的历届MBA毕业生后发现，女性为了家庭会选择竞争不太激烈的岗位，或者退出竞争激烈的岗位。随着时间延长，与男同学的收入差距逐渐拉大。那些没结婚的女性毕业生，则可以一直坚守在竞争激烈的岗位上，其收入水平不亚于男同学。这些研究再次证明，对男性来讲，家庭可能是事业的支柱，而对女性则可能是事业成功的阻碍。

启示与进一步的讨论

1. 在性别歧视问题上，男性能否置身事外？

他们也许才是更大的受害者。

文章跟踪了晋升后4~7年的未来发展，发现离婚女性的职业发展更好，她们的收入也高于没有离婚的女性。这也进一步支持了"女性守住婚姻的代价是牺牲职业发展"的说法。而男性在离婚后则相反，职业发展会变差。所以，当我们大力倡导协助女性"兼顾事业和家庭"，不仅是对女性整体福利的提升，也是避免影响男性群体的职业发展。

职场天花板中有相当一部分是女性自己为了平衡事业和家庭而不得已做出的选择，目的是不提高离婚的风险。这些为了维持婚姻而在职场上做出的妥协不仅阻碍了女性的职业发展，更影响到整个社会和经济。要事业还是家庭，不应该是女性群体独自面对的选择，而应该是全社会共同正视的问题。只有在男女共同的努力下，我们才可以在经济增长的同时保持个体、家庭和社会的更高稳定度，以及更高的幸福效用。

2. 在性别不够平等的现在，我们能做什么？

婚前的充分沟通以及调整对家庭模式的预期。

我们已经看到，越传统的家庭里，女性职业进步对家庭带来的压力越大。如果你是希望职业进步的女性，并且期待婚姻稳定，那么找到和你期待值一致的另一半非常重要。你不希望在事业成功的那一天，发现另一半并不能接受你的成功，发现你的成功"居然"有悖于结婚初期夫妻双方的期待，而不得不面临婚姻事业二选一的局面。

在《单身女性们》的研究里，获得高层职位的女性在结婚初期仍然处于高度传统的婚姻模式之中——女性通常比配偶年轻，并且承担大多数的产假。这些因素可能是由夫妻年龄结构和家庭义务的社会规范决定的，这也意味着男性的晋升与双方在婚姻形成时的期望是一致的，但女性的晋升反而会造成现状与预期的（可能）不匹配，从而在双方需要重新就角色和分工进行谈判时引发更多压力。

其实社会学关于工作环境与亲密关系的相互作用压力的研究也有类似结论。例如卡佛曼（Coverman）在1989年的文献中提到，如果晋升引发夫妻双方在家庭和有偿劳动力市场上的角色重新谈判，那么一个人职业生涯中的关键转折点（晋升或失业）可能会对婚姻关系造成巨大压力。[①]这种重新谈判或"角色倒转"，更常发生在女性获得晋升的时刻。

3. 离婚一定是坏事吗？

我最早接触这篇文章，是在性别经济学和劳动力市场国际研讨会上。当时戈尔丁，也是性别经济学的重要奠基人之一，问了一个重要问题：为什么离婚是一件坏事？

通常，对于离婚的讨论，其潜台词似乎表达着离婚是件坏事。事实上，对每个个体和家庭来说，幸福家庭的效用大于离婚，离婚的效用大于不幸福的家庭。假如离婚的决定是理性的，那么停止不幸福的家庭就是放弃沉没成本、提高效用的行为。重要的是，离婚本身并不是结局。理性离婚只是人生长河中的一个片段，是通往自我了解、各种可能和崭新未来的一个开始。

---

① Coverman Shelley. Role Overload, Role Conflict, and Stress: Addressing Consequences of Multiple Role Demands [J]. *Social Forces*, 1989, 67(4), 965－982. https://doi.org/10.2307/2579710.

结语

《单身女性们》这篇文章因数据样本量和实践的限制，没能研究晋升对职业和家庭更长期的影响。值得期待的是，随着社会对性别角色定义的逐渐演变，这篇利用1991—2010年瑞典数据的研究在未来以及在其他国家很可能会有不同结论。让我们拭目以待。

第四章
生育经济学

比核弹还重要的避孕药[*]

导语 生育掌控权对女性赋权和经济发展有巨大意义。

女性对经济发展和社会进步有着重大贡献，其中包括在劳动力市场和经济参与中的比重稳步上升。在此过程中，欧美20世纪70年代民权运动和女权运动是个标志性时期。在解放女性进入社会经济的过程中，避孕药的出现和相关政策起到重要的决定性作用。《经济学人》曾将避孕药评为20世

---

[*] 本文作者刘倩、张兰。本文所讨论的"避孕药"指的是复方短效口服避孕药，简称短效避孕药；https://cn.wsj.com/articles/CN-AHD-20170815151724。感谢王子悦、魏觉晓、姚明君、尹兰馨、余宏昊五位研究助理的编辑工作，感谢Amber、潮儿和熊的建议。

纪最伟大的科学进步，认为它对人类的贡献超过相对论与核反应堆，给整个社会带来巨大变革。

本篇用哈佛大学克劳迪娅·戈尔丁和劳伦斯·卡茨（Lawrence Katz）的经典文献《"药片"的力量：口服避孕药对女性职业和婚姻决策的影响》，来讨论小小的避孕药如何对女性个人职业发展和婚姻决策产生影响。这篇文章通过研究避孕药的合法化及普及使用，结合美国降低法定成年年龄、随后逐步放松未成年人合法使用避孕药的法律限制（表4.1），探讨了避孕药的普及对女性的婚姻和职场选择的影响——更多女性不再早早结婚、相夫教子，而是走上职业道路，在传统的男性领域中崭露头角。

其中三个重要时间点：

· 1960年避孕药合法；

· 1969年41个州规定21岁为法定成年年龄，6个州规定18岁的成年女性可以自主决定避孕药的使用。3个州的未成年女性可以无须家长同意就使用避孕药。

· 1971年，宪法修正后大多数州降低了法定成年年龄。

从图4.1可以看出，女性进入专业学院的比例从1970年起迅速提升，十年内从不到10%急升至30%。2000年前后，医学院和法学院中基本达到男女平衡，牙医和MBA中的女性也占到了约40%。（文章特意选取了有别于护士、秘书等

表4.1　　　　　　　　美国避孕药发展史

年份	事件
1960年	美国食品和药物管理局（FDA）批准口服避孕药的使用
1960—1965年	避孕药在已婚女性当中快速广泛传播。到1965年41%的30岁以下已婚女性已经选择服用避孕药来避孕
1969年	41个州规定21岁为法定成年年龄，6个州规定18岁的成年女性可以自主决定避孕药的使用，3个州的未成年女性可以无须家长同意就使用计生服务。其他州未成年单身女性依然未经监护人同意不能获取任何避孕措施
1971年	宪法第二十六修正案通过，大多数州将法定成年年龄从21岁降低到18岁
1971年之后	口服避孕药在未成年单身女性之间快速传播，到1976年，73%曾避孕过的18~19岁女性选择使用避孕药

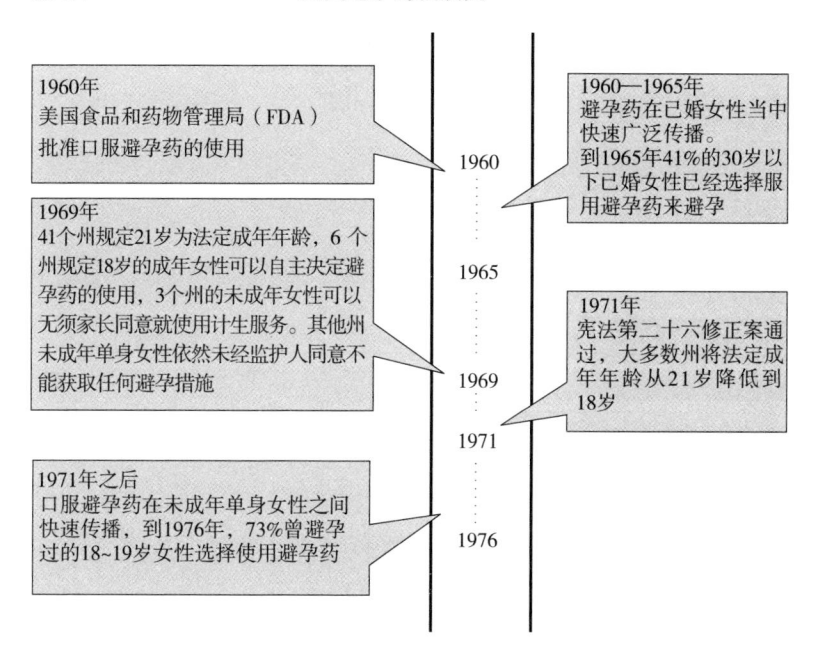

女性传统职业的专业学院作为研究对象。专业学院往往需要长时间、高强度的训练，使得之前选择此类专业的女性很难兼顾学业和家庭，从而更能看出女性在婚姻与事业之间选择的变化。）

婚姻选择方面，首婚年龄从20世纪40年代末50年代初一代人开始明显推迟，而这一代人推迟步入婚姻的时间大致处于20世纪70年代，与口服避孕药的普及时间契合。

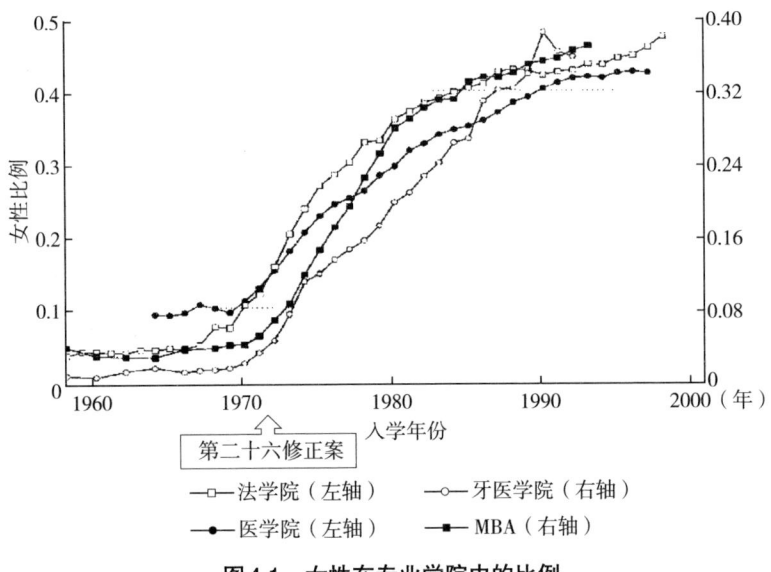

图 4.1 女性在专业学院中的比例

纵轴(左轴):女性比例;图例:法学院(左轴)、医学院(左轴)、牙医学院(右轴)、MBA(右轴);横轴标注"第二十六修正案"指向约1971年,横轴标题"入学年份"。

综合来看,避孕药合法及普及的时间点与女性职业和婚姻选择的变化有直接关系。可是如何确定避孕药就是唯一导致女性延迟结婚和参与职场的原因呢?(有相关性,但是否有因果关系?)换句话说,那时美国社会经历了许多社会巨变,从供给侧因素的堕胎法案改革、婴儿潮和女权主义运动,到需求侧的教育机构放松性别限制和新经济对专业人员需求大增等,女性选择的改变里有多少是避孕药的原因呢?

实验室里最"纯粹"的比较是有完全相同的两组女性,唯一的不同是一组服用避孕药另一组自然生育(不使用避孕药),然后观察两组人长期的婚姻和职业选择。现实生活中经济学家们无法把人像小白鼠一样分类做实验,不过这篇文章用了非常漂亮的经济学双重差分法,利用不同州和不同年份出生的女性受到避孕药合法化政策的影响不同,从而确认避孕药与婚姻职业选择改变之间的因果关系。

具体来说:

(1)不同州对于可以使用避孕药的成年人年龄定义不同,而且时间前后有定义的变化;

(2)不同州对于未成年人可以无须家长同意就使用计生服务的最低年龄定义不同。

例如亚拉巴马州和加利福尼亚州(简称加州),1969—1971年两州的成年人定义都是21岁。亚拉巴马州未成年人可以使用避孕药的最低年龄在1969年是21岁,1971年降低为17岁。亚拉巴马州两组不同出生年代的女性长期选择的不同,一部分是因为避孕药适用年龄的改变X,一部分是这几年其他社会因素的影响Y。我们参考加州在1969—1971年最低使用避孕药年龄不变,可以得出同样影响加州和亚拉巴马州的时代因素Y,从而得出亚拉巴马州纯粹因为避孕药政策变化导致的X。

研究发现,使用避孕药使女毕业生早婚的可能性降低2~3个百分点。在当时的时代背景下对结婚率的影响贡献有30%左右。职业发展方面，避孕药的普及使选择成为职业女性的比例提高了近2个百分点，也占全部影响贡献的30%之多。这与堕胎权的合法化对女性的影响力非常相近。

此外，避孕药的普及整体降低了离婚率，并提升了婚姻质量。虽然理论上避孕药在让女性有更好职业选择和降低生育率的同时，可能提高离婚率，但事实上因为避孕药推迟了初婚年龄，而通常晚婚个体会对自己的偏好有更清楚的了解，而且让女性的职场收入增加从而增加了整体家庭收入，所以避孕药的普及实际上降低了离婚率，与离婚率存在显著的负相关关系。

避孕药为什么会产生如此大的社会影响？作者有两方面的解释。

一方面，避孕药直接降低了女性长期人力资本投资的风险，提高了劳动力市场和婚姻市场的收益。诸如律师、医生等需要大量前期投资的职业，只有预期能长期从事相关职业并获得稳定的回报，人们才会选择。避孕药合法前，大部分意外怀孕的女性只能将孩子生下，很难保证持续的劳动参与。许多女性因此不考虑需要大量人力资本投入的职业。而避孕药让女性自主地决定生育，从而有更强的动机从事此类职业。同时职业上更成功的女性在婚姻市场上也成为更有吸引力的选择，所以避孕药让女性在劳动力市场和婚姻市场上的预期收益同时提高。

另一方面，避孕药间接降低了女性为追求事业而推迟结婚的成本。避孕药使得所有男性和女性更容易推迟婚姻，并为职业女性创造了"更广"的婚姻市场。之前大多数年轻人较早结婚，那些选择职业道路推迟结婚的女性在谈婚论嫁时面临很大劣势，可供选择的适龄男士寥寥无几。避孕药的出现延后初婚年龄，使职业女性在婚姻市场上的劣势减小，降低了年轻女性在选择职业道路时的顾虑，从而鼓励更多女性走上职业道路。

我们可以把时间轴放得更长远些来思考。远古时代，男女两性需要更好地合作分工才能生存并繁衍，所以人类演化中男性更多觅食耕种、保护家人、击退野兽等，女性更多生育下一代，负责家庭内部事务等。古代男耕女织的美好和睦稳定是基于当时农业时代的需要最合适的两性分工和最优的家庭效率。

在《创业和性别经济学》一文中提过，当科技进步、时代发展，当农活不再繁重、需要男性的高大体态和多块肌肉时，两性生理在劳动力市场上的比较优势逐渐消失。当家务活可以外包给专业公司，当清理地板、买菜购物可以交给机器人时，两性之间家庭内部分工的比较优势的不同继续缩小。

现代男女之间的差异主要来自生育方面的生理差异，无论是怀孕、生产或哺乳，都不是科技可以迅速改变的。试想如果人类生育可以像阿凡达里面的蓝星人那样，两个尾巴一接就可以瞬间完成的话，那时两性差异才会大幅消失。在现有科技水平下，生育只能由女性承担。而避孕药的出现给予女性更多的生育自主选择，女性可以自主决定生或不生、什么时候生，极大地缩小了男女之间的生理自然差异。

值得一提的是，规律化生育控制除了女性吃避孕药，男性也可以结扎。科学研究已经否定男性结扎对健康有任何影响，据《华尔街日报》2017年的报道，年轻男性已经开始主动选择结扎，这是一股新社会潮流。依然有男性感觉结扎似乎不够"男性气质"，但这都是可调整的性别概念。（假设男女双方在避免和推迟生育的决定上意见一致，不存在女性吃避孕药有更好主动权的问题。）况且，口服避孕药是化学性质的，是会进到女性体内的，而结扎是物理性质的，是可以逆转的。从对男女集体效用最小损伤的角度，结扎比避孕药更合适。

避孕药、结扎、冷冻卵子、精子库、试管婴儿等现代技术快速发展，让女性对自己的身体和生育有更多自主权，继而提高对自身教育和职场发展的投资,对整个社会带来巨大变革。避孕药成功降低女大学生的早婚率,提高女性选择成为职业女性的比例,降低离婚率并提高婚姻质量。类似避孕药之类的科技进步必将推动女性地位的提高和人类社会的整体发展。

试管婴儿经济学[*]

导语 自"全面二孩"政策以来,女性能否兼顾家庭和事业的讨论再次引起广泛关注。本文借用顶级经济学期刊的一篇文章,科学地验证生孩子是否真的影响工作,并讨论个人和社会应该如何更好地鼓励生育。

大量数据显示生育对女性的职业发展有影响。收入更高的女性生育意愿更低,因为(要放弃的)机会成本更大,于是生育是相对更不容易的选择。理想的严谨研究是比较完全相同的两组女性,唯一的不同是一组生孩子,另一组不生孩子,然后观察两组人在劳动力市场上的表现。

伦德伯格(Lundborg)、普拉戈(Plug)与拉斯马森(Rasmussen)在《美国经济评论》上发表的《女性可以生育和职场兼得吗?从试管婴儿实验得出的经济学工具变量证据》(Can Women Have Children and a Career? IV Evidence from IVF Treatments)正是利用上一段的思路,对比丹麦从

---

[*] 本文作者刘倩、张兰、尹兰馨。尹兰馨,中山大学金融学士,英国杜伦大学金融硕士,现从事结构化金融相关工作。

1994年到2005年三万多名接受试管婴儿（IVF）的女性数据，以"第一次治疗的成败"对比生育对女性职业的影响。

简单来说，"试管婴儿"其中一个重要步骤是将培育好的胚胎移植到子宫。之后部分女性顺利怀孕，部分胚胎停止发育则怀孕终止。文章用首次接受试管婴儿成功与否作为工具变量，这些女性在接受试管婴儿前的收入、受教育程度、劳动参与率等都相似。可以理解为"试管婴儿"的成功完全是靠运气，是随机事件，跟这些女性本身没有任何关系。那么，如果"试管婴儿"成功的女性生育后劳动力市场的表现与未成功的女性有明显差异，我们可以认为这部分差异是纯粹由生育带来的。

研究发现，生育不仅对女性职业发展有负面影响，而且这种负面影响是长期持续性的。

女性生育后收入明显减少，无论是短期、中期或长期。在生育后的第1年（短期），年收入减少70 088丹麦克朗（约合7万元人民币），相当于文章所有样本女性在接受"试管婴儿"前平均收入的31%；在生育后2~5年内（中期），年收入平均每年减少近3万元人民币，相当于"试管婴儿"前平均收入的12%；在生育后6~10年内（长期），年收入平均每年减少的数额略高于3万元人民币（见表4.2）。

表4.2　　生育子女对女性劳动力市场表现的影响

		年收入（1）	劳动参与率（2）	每周工作时间（3）	小时工资（4）
面板A. 生育后的0~1年	短期	−70 088	−0.072	−5 911	4 244
		（2 054）	（0.006）	（0.190）	（3.235）
百分比影响		−31	−8	−21	2
样本量		18 538	18 538	14 022	14 022
面板B. 生育后的2~5年	中期	−29 378	−0.041	1.473	−26.851
		（5 285）	（0.012）	（0.355）	（4.453）
百分比影响		−12	−5	5	−13
样本量		18 435	18 435	12 332	12 332
面板C. 生育后的6~10年	长期	−30 675	−0.015	0.487	−25.301
		（10 546）	（0.022）	（0.634）	（8.801）
百分比影响		−11	−2	2	−12
样本量		13 779	13 779	9 627	9 627

生育一年内，收入减少主要是因为劳动参与率和工作时间明显下降。虽然工资本身并没有变化，但平均劳动参与率下降7个百分点，每周劳动时间减少6个小时（相当于平均劳动时间的21%）。

生育一年后收入降低却主要是因为工资率的显著降低，平均降幅12%~13%（劳动参与率和工作时间恢复到生育前的水平）。工资降低的原因是女性更偏好离家近的工作，平均离家距离减少了接近一半。由于这些工作往往收入更低，所以更换工作导致收入下降。长期来讲，有孩子的女性所在行业的平均工资比没有孩子的女性低5 000丹麦克朗，相当于行业平均收入的2%。

生育对自身收入较高、年龄较大、配偶收入较高、在私有部门工作或国家延长产假政策后生育的女性负面冲击更大。这个结果不难理解，因为对于这些女性，生育的机会成本更大。

另外，二胎的（边际）影响要小于一胎。在二胎后一年内，女性收入进一步降低，但损失是短期的。长期来看，多生孩子和只生一胎对收入的影响类似，"生几个"和"生不生"，比较而言，生育的决定和第一胎的影响最大且长期持续。

鱼与熊掌可以兼得吗？这篇文章科学严谨地确认了生育对女性产生的持续负面影响。在短期内，这种影响是由于女性劳动时间降低或者劳动参与率降低带来的；长期来看，则是由女性主动选择灵活度更高、离家更近的工作而导致工资降低。女性在有限约束下，总要做出一定的选择，这也是不少女性对生育并不积极的原因。

那如何鼓励女性愿意生育，并降低各方面的后顾之忧？如何让女性在享受有孩子的幸福的同时，不用必须放弃职场上的期冀？毕竟生孩子不仅是女性自己的事情，也是家庭和社会共同的考量。

政府方面

政府的鼓励可以包括例如财政方面的生育减税和生育补贴，以及大幅提高父亲产假时间来协助育儿。例如，匈牙利政府曾宣布一系列政策来鼓励生育，包括从生第二个孩子开始，政府对家庭从房贷到购车等各项贷款均有补贴；生育四个孩子及以上的母亲终生免缴个人所得税；对三岁以下孩子的祖父母提供类似于产假的福利。

在《创业和性别经济学》一文中我提过，瑞典的父亲产假政策全球领先，每个孩子的父母有18个月的产假，其中不少于3个月只能属于父亲。这点非常重要，从经济学角度来讲，特别是对职场来讲，产假不管是3个月还是18个月，都对职场有直接影响，是职业生涯的暂时中断。雇主公司都需要想办法暂时（无论长短）找到替代的人员。很多时候公司不太想招女性，因为她将来可能要生孩子。特别是二胎、三胎放开了以后，就会更担心。

但如果生育需要爸爸们和妈妈们都离开工作一段时间，3个月和18个月虽然有差距，但它是一个边际上的差距。如果我是雇主，他俩都会给我造成"麻烦"，我要找其他的同事或者再雇其他人来顶替一段时间，不管是3个月还是18个月，那这就有了质的变化。这点其实非常重要，它极大地降低了男性和女性之间的生育对职场"中断"的不同。

所以父亲产假，不管和母亲产假相差1个月还是2个月，当爸爸们一定也会休产假时，就是本质上的变化。我们应该考虑男性女性都休一段时间的产假，让爸爸们也有更多机会参与孩子的成长和家庭的和睦。

企业方面

职场上可以设立专门的幼儿园及相对灵活的工作时间，方便需要照顾孩子及看重离家近的职场妈妈们。例如，国际商业机器公司（IBM）的员工福利包括为刚生育的女性职工提供母乳递送服务。回归职场的女性员工可以在挤奶后，由专人将母乳送到孩子身边，从而不间断地继续工作。这个政策不仅是对所有女性员工的福利，对公司来讲也可以保留有能力的女性职工继续工作，包括更高职位的女性高管，让她们在职业更高层的晋升过程中可以更顺利地衔接。

社会观念方面

与此同时，最起码同等重要的是家庭和社会的情感支持，以及对分担家务和带孩子的观念转变。

很多丈夫/父亲的确做得不够好。不过许多人也很无辜。没有人天生就想当坏老公、坏爸爸，很多时候父亲们的缺位并不是故意的，而是完全就没有参与的概念，也完全不知道该怎么做。

很多男性从小在周围环境里很少看到其他男性干家务，成长过程中也没人教他们做饭、扫地、缝纫、洗衣。有时想做些家务或者照顾孩子，却很可能被嫌弃碗没洗干净或者冲奶粉的剂量不对。本来对干家务就有心理上（无感）和技术上（无力）的不熟悉甚至排斥，再被嫌弃几次就很容易直接选择（无奈）放弃。

相比之下，新手妈妈上手再有困难，从怀胎起更自然顺畅的情感连接和社会对妈妈角色的暗示，也让"成为妈妈"比"手足无措"的新手爸爸们（不得不）走得更快些。此时没积极融入带孩子过程的新手爸爸们就会有更强的挫败感，然后变成恶性循环。

我们现有的舆论环境对男性有既定的角色定位。很多男性即使希望做全职丈夫和奶爸，也会很怕受到（自我批判）"不够男人"的性别歧视，会考虑社会的舆论和朋友亲戚们的眼光。

普林斯顿大学教授安德鲁·莫劳夫奇克（Andrew Moravcsik）

在《大西洋月刊》的文章《为什么我把妻子的职业生涯放在第一位》（Why I Put My Wife's Career First）谈道："大家以为我们男的什么都有。但其实现在工作和家庭的时间分配根本不是我希望的平衡。我们被所有人期待应该是家里赚钱的那个人，可是我们其实更希望有更多时间跟家人在一起。"

莫劳夫奇克分享说，自己陪孩子去学校的社会活动时，其他去的家长都是妈妈。她们在一起聊八卦，他根本融入不进去，感觉非常孤单。所有这些社会、文化、心理和潜意识的不舒服都让做全职奶爸变得更加困难。

即便如此，莫劳夫奇克说孩子们对他的信任、需要和依赖给了他"比当普林斯顿大学教授等任何成就和骄傲都有更深层次的自豪感"。他说"孩子的身心健康、女性的地位、男性的幸福，都依赖于父亲们是否愿意更多承担主要带孩子的家长角色"。

在女性还不能兼顾家庭和事业的今天，在政府和职场陆续出台各项鼓励政策的今天，男性的积极参与会对提高生育率、提高两性和谐、提高经济增长和社会发展，都有巨大的积极作用。

对每位女性来说，下次男性主动提出要洗碗洗尿布，请万分热情洋溢地鼓励表扬吧。洗得是否干净可以慢慢谈，积极参与的态度最重要。

从我们的社会文化来说，也请万分热情洋溢地赞美宣传父爱的伟大，树立干家务活带孩子的光辉奶爸模范吧。会换尿布、会煲汤（等）的老公最帅最酷最幸福。陪伴和培养孩子是非常甜蜜、幸福和伟大的事业，离不开女性，更离不开男性的积极参与。期待我们可以更早拥有下一代女儿或儿子成长生活都更为平等和均衡的和谐社会。

性别经济学视角下的生育政策建言[*]

导语 现行生育政策的经济学讨论都是基于传统男性经济学家的视角，倡导政府多发钱补贴，取消单身女性不能试管婴儿的限制等。他们缺失了重要的性别视角，没有深刻理解女性不生育的最重要原因。本篇结合2023年诺贝尔经济学奖得主戈尔丁的性别经济学研究，探讨如何真实提高生育率的可能性。

我国出生人口断崖式下降，社会各界就如何提高生育率展开了各种讨论。然而，现有的讨论几乎只探讨直接成本及与之相关的奶粉价格、教育费用、房地产支出等。我们则提出，更需要关注间接和不确定性成本。

仅由于女性要放弃的职业机会，就相当于57万元的"生育惩罚"，这个数字比《中国生育成本报告2022版》计算的直接成本48.8万元还要高，换句话说，直接和间接成本总和高达105.8万元。在北京养育一个孩子的直接和间接成本总和

---

[*] 本文作者刘倩、赵耀辉、张晓波。

是219万元，上海是230万元。

加之女性其他的后顾之忧，包括"丧偶式"带娃的职场家庭双重压力、离婚率上升的单亲风险、法律和权益保障不完善等综合因素，本文分别从直接成本、间接成本、不确定性成本三方面展开讨论，并提出相应的政策建议，以期对低生育问题的解决有所启发。

直接成本、间接成本和不确定性成本的定义和计算

育儿的直接成本一直在上升。从怀孕到生产期间各项支出和风险，到养育所需的基本吃穿，到教育费用、住房费用等，各项支出的价格上涨都增加了生养压力。这部分之前讨论得相对充分，本篇不再多议。

除此之外，还有更重要的间接成本。例如，时间和精力是无法直接计算的成本，却是重要的考虑因素。例如，陪孩子本身不需要额外的金钱支出，但如果没有孩子，父母本可以去工作赚更多钱，或者出门旅游、看电影等。

陪孩子表面看起来没有成本，但要放弃的其他消费、投资或赚钱等时间和精力是目前生育政策讨论中容易忽视的重要间接成本。（经济学中的机会成本概念。）

换句话说，生育不仅要花钱，还会让父母赚更少的钱，这部分成本不可忽略。由于生育和养育更多由女性承担，所

以关注这些间接成本对女性及生育决策的影响,非常重要。

即便仅从对职业发展影响的角度探讨,《试管婴儿经济学》一文中提到伦德伯格、普拉戈与拉斯马森对丹麦三万多名女性的研究,发现生育不仅对女性职业发展有负面影响,而且这种负面影响是持续性的。

生育对自身收入较高、年龄较大、配偶收入较高、在私有部门工作或国家延长产假政策后生育的女性负面冲击更大。这个结果不难理解,因为对于这些女性,生育的机会成本更大。

克莱文(Kleven)、兰代斯(Landais)和瑟高(Søgaard)也研究丹麦的"生育惩罚",得出了类似的结论。同时他们发现,孩子出生前夫妻收入变化轨迹基本一致,但孩子出生后,父亲收入没有变化,只有女性收入会下降。长期研究观察到即使孩子20岁的时候,母亲的工资依然比父亲低21%。

综合以上两篇文章,我们简单借用20%的"生育惩罚"来推算中国的数字。2021年中国居民人均可支配收入为35 128元,35 128×20%×平均每年11%的收入增长×生育惩罚年限=57万元的"生育惩罚"[①]。

城镇居民平均"生育惩罚"为77万元,农村居民"生

---

① 过去10年和20年,城镇和农村居民收入平均年增长10%~12%,我们以11%计算。2021年平均生育年龄28岁,到平均女工人退休年龄50岁,中间有22年的职业生涯。

育惩罚"为31万元。在北京生育一个孩子的女性"生育惩罚"为122万元，上海为127万元。

即使在性别平等和生育政策更普遍友好的北欧，"生育惩罚"也都是女性在承担。按照《中国生育成本报告2022版》，平均养育一个未成年孩子（0~17岁）的直接成本为48.8万元，而我们上文简单推测的间接"生育惩罚"成本，就高达57万元。

换句话说，间接成本比直接成本更高，直接和间接成本总和高达105.8（48.8+57）万元。全国平均养育一个城镇孩子的直接和间接成本总和是140万元，农村孩子是61万元。北京生育的直接和间接成本总和是219万元，上海是230万元（见图4.2）。

	50万	100万	150万	200万
平均	49万	57万		
农村	30万 31万			
城镇	63万	77万		
北京	97万		122万	
上海	103万		127万	

■ 生育的直接成本，数据取自《中国生育成本报告2022版》
□ 生育的间接成本，女性因为生育减少的收入所得

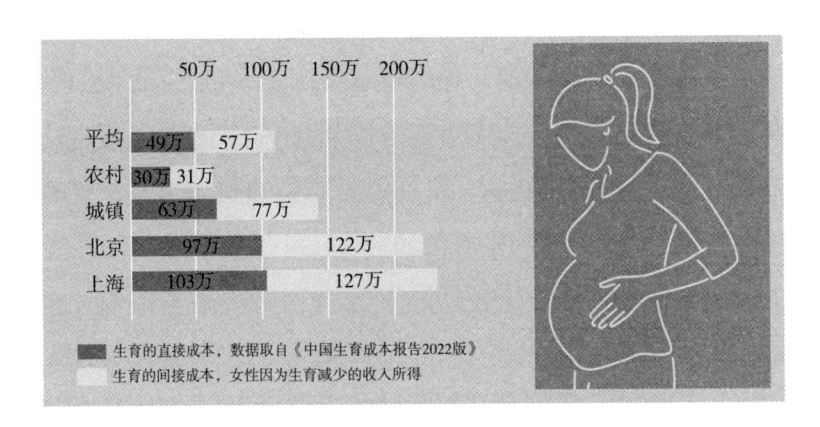

图 4.2　中国家庭的生育成本

这还仅是计算女性职场的"生育惩罚",如果加上父母要放弃的其他时间、精力、娱乐、休闲等机会成本,生育的间接成本比直接成本要更高。所以降低女性生育的间接成本,是提高生育率政策需要关注的重点。

关于20%的"生育惩罚",一方面中国女性不会像北欧国家那样,较长时间不回归职场,所以表面的"生育惩罚"数字可能要更低。但另一方面,由于我国产假福利没有北欧国家高,大量双职工家庭存在经济压力,使得女性不得不尽早回归职场。这意味着女性需要一边工作一边育儿,身心压力更大,负担更重。

生育还有很高的不确定性成本。首先,"丧偶式"育儿对女性生育积极性有极大的打击。大量父亲在孩子教育中严重缺失,对孩子身心造成不可逆的伤害之外,也给母亲增加了巨大压力。在越来越多女性加入劳动力大军的背景下,女性不仅要承担职场上的压力,还要承担家里照顾下一代的压力。所以女性根本不敢也不愿结婚,不敢也不愿生孩子。

不确定性成本还包括,随着离婚率提高,孩子在单亲家庭长大的风险提高。女性可能担心的问题包括如下几方面。(1)双方对抚养孩子的观念不同,离婚后沟通和摩擦的成本很高。(2)拥有抚养权的女性,照顾孩子的时间和成本增加,而抚养费不一定足够。另外,黄金生育期往往也是职业黄金上升期，不仅现有工作可能受影响，经验和教育的积累、职业上升的潜力也会受到长期影响。（3）没有抚养权的女性，如近年出现的"紫丝带妈妈"群体，她们即使有正当合理的探视权，却被前夫剥夺了探视的权利，长期看不到孩子。

降低直接成本、间接成本和不确定性成本的政策建议

我们要如何鼓励女性生育，降低各方面的后顾之忧呢？对此我们有如下建议：

第一，降低直接成本。促进生育的各项政策开始陆续出台，从直接生育补贴，到部分地区的购房补贴、教育双减等。政府可以参考其他国家的相关政策，例如匈牙利政府，从生第二个孩子开始，政府对家庭从房贷到购车等的贷款补贴；生育四个孩子及以上的母亲终生免缴个人所得税；对三岁以下孩子的姥姥、姥爷、爷爷、奶奶提供类似产假的福利。

教育成本方面，赵耀辉和王格玮提出加强优质教育资源的供给。一方面要增大教育投资，提升教师的工资，吸引高水平人才加入教师队伍，从而普遍提升教育质量。另一方面需要放宽对私立教育的限制，腾出公立教育资源可以更密集地投入更普遍的学生中。在大学教育资源配置方面，要着力改善校际和地区间经费的差距，缩小大学之间的质量差别。

房价成本方面，哥伦比亚大学魏尚进和北京大学张晓波的研究发现，中国失衡的出生性别比导致婚姻市场上男性竞争压力加大，养育儿子的家庭要增加储蓄并买房，从而大幅推高房价。他们的研究发现，中国储蓄率上涨的50%是由性别失衡导致的。通常出生性别比应该在1.02~1.07之间，而我国过去20年的平均数字高达1.15。所以严格控制婴儿性别的识别，也会相应降低整体房价和育儿成本的上涨。

第二，降低间接成本。如何让女性在享受养育孩子的同时，不用放弃职场上的追求？首先，对于事业型女性，特别是高学历高收入的女性，要提高财政补贴。其次，优质廉价的托育服务应是极为重要的配套政策。

各国实践和大量研究都证明，幼儿托育服务可以有效提高生育率。在女性能顶半边天的中国，在女性重视事业发展的新时代，生育政策需要多关注帮助女性回归职场，降低生育的机会成本。我国在0~3岁幼儿的托育服务方面十分欠缺，2岁以下的托育服务更是少之又少。近年来，政府提出大力推动发展普惠托育服务体系，但进展很慢，存在不少制度障碍，如准入标准过高。我们建议，要鼓励和支持民办小型或者家庭托育机构，降低准入标准，同时加强质量监督，以促进托育行业快速健康成长。

企业方面可以提供相对灵活的工作时间,以及为刚生育的女性职工提供各类便利和服务,例如前文提到过的母乳递送服务。这个政策不仅是对所有女性员工的福利,对公司来讲也可以保留有能力的女性职工继续工作。

第三,鼓励男性多干家务活,是宣扬新时代新家庭的新思路。杜绝"丧偶式"带娃,让两性在家庭里有更平等的分工。家庭和社会的情感支持,以及对分担家务活和带孩子的观念转变,是政府需要花大力气宣传和引导的。

可以推出例如一个月的父亲产假政策。如果中国爸爸们也有与瑞典父亲相当时间的产假(最少三个月),积极加入、学习并理解抚养工作,会对理解女性、增强家庭和睦、减轻女性后顾之忧有极大帮助。

需要注意的是,父亲产假的推行有个前提,就是父亲会积极主动参与育儿的过程,而不是变成在家工作,或者补觉、锻炼、读书甚至玩游戏。父亲育儿的观念需要进一步改变。

现有的舆论环境对男性有"既定"的角色定位。似乎多赚钱、不出轨就是好丈夫、好爸爸。前文探讨过,新手爸爸们的无感、无力和无奈。如果再没积极融入带孩子的过程中,新手爸爸们会有很强的挫败感,更容易直接放弃。另外,很多男性即使希望做全职丈夫和奶爸,也很怕受到"不够男人"的性别意识歧视。

习近平总书记曾提出:"男同志在家里不能当'大爷',不能回到家里就衣来伸手、饭来张口。"[①] 所以男性的积极参与会对提高生育率、提高两性和谐、提高经济增长和社会发展,有巨大的积极作用。希望看到政府政策和社会文化的宣传,热情洋溢地赞美和宣传父爱的伟大,树立起一批干家务活、带孩子的光辉奶爸模范。赚钱的爸爸酷,会换尿布、会煲汤的爸爸更帅更酷更幸福。

第四,降低不确定性成本。离婚政策可以更好地保障妇女儿童的权益,从而提高女性的生育意愿。魏文超撰写的《中英女性:离婚大不同》提到,英国法律更倾向保障妇女和子女的权益,在离婚财产分配时女性通常会获得更多利益。女性在抚养子女、照顾家庭上的贡献也成为她们获得更多财产分配的砝码。社会福利分配制度也更多考虑到女性的权益,单身妈妈们会受到额外的政府特别照顾。她们不但可以申请失业救济、婴儿补贴和住房补贴,还能依据抚养孩子数量等获得政府分配的住房。

另外,北京律师协会婚姻家庭专业委员会副主任张荆在

---

① 中共中央党史和文献研究院. 习近平在2013年同全国妇联新一届领导班子集体谈话时讲话 [M] // 习近平关于注重家庭家教家风建设论述摘编. 北京:中央文献出版社.

裁判文书网抓取了700多份涉及抚养权、探望权的判决和裁定，其中约有13%存在抢夺、藏匿孩子的情况，实施方多为父亲一方。由此，《未成年人保护法》完善补充，不仅定义违法行为，更要规定违法后果，以及法院的严格强制执行等。这些都会对下一代以及女性权益有更好的保护，促进提高生育意愿。

结论：生育及养育不仅是女性的事，也是家庭和社会共同的重要组成部分

本文从性别视角进行探讨，从女性角度出发，聆听并理解到底女性为何不愿意结婚，为何离婚率越来越高。生育率低是由于独生子女一代不理解多子多福，还是养育成本太高，抑或是由于性别不平等导致女性承担了家庭和职场的双重压力，因此通过不生或少生来默默表达她们的抗议（"沉默罢工"）？

保护女性权益，提倡性别平等，应该是提高生育率政策中的核心关切。提高生育率是社会和经济发展的一个重要平衡决策。一方面，我们希望更多女性进入劳动力市场，促进经济发展，实现更高的GDP和国民收入。另一方面，职业女性以更少时间投入家庭和生育，也会对长期的经济和社会发展有影响。

所以，生育和养育的决定，表面上看是女性的选择，深层次上是家庭和社会共同的重要选择，需要国家政策和社会文化的共同促进。

后记

这篇文章发表于2022年3月6日。2023年3月，香港中文大学的孟岭生、张昀彬和普渡大学的邹奔教授在《比较经济学期刊》(*Journal of Comparative Economics*)发表了关于中国"生育惩罚"的文章。[①]他们利用中国家庭追踪调查(CFPS) 2010—2018年的数据，发现中国的"生育惩罚"跟国际上的对比相对有限，因为姥姥和奶奶们会辞职或者减少自己的工作量来支持协助隔代抚养。不过，"生育惩罚"数字近年来有所提高。另外，在男女收入差距方面可以由"生育惩罚"解释的比例，中国也比其他国家低。例如丹麦男女收入差异为24%，其中80%可以由"生育惩罚"解释；美国男女收入差异为45%，其中65%可由"生育惩罚"解释；中国男女收入差异为54%，其中近30%可由"生育惩罚"解释。

---

① Lingsheng Meng, Yunbin Zhang, Ben Zou. The Motherhood Penalty in China: Magnitudes, Trends, and the Role of Grandparenting [J]. *Journal of Comparative Economics*, 2023, 51 (1): 105-132.

参考文献

[1] 梁建章，任泽平，黄文政，何亚福. 中国生育成本报告2022版[R]. 育娲人口研究智库，2022.

[2] Petter Lundborg, Erik Plug, and Astrid Würtz Rasmussen. Can Women Have Children and a Career? IV Evidence from IVF Treatments[J]. *American Economic Review*，2017，107（6）：1611-1637.

[3] Henrik Kleven, Camille Landais, Jakob Egholt Søggard. Children and Gender Inequality:Evidence from Denmark[J]. *American Economic Journal: Applied Economics*，2019，11（4）：181-209.

[4] 王格玮，赵耀辉. 构建生育友好型社会[J]. 复旦金融评论，2022（14）.

[5] Shangjin Wei, Xiaobo Zhang. The Competitive Saving Motive: Evidence from Rising Sex Ratios and Savings Rates in China[J]. *Journal of Political Economy*，2011，119（3）：511-564.

[6] 张荆等. "抢夺藏匿孩子"蓝皮书[R]. 2021.

男性生殖健康与提高生育率

导语 生育不是女性自己的事情,提高男性生殖健康同样重要。

2022年,中国人口自1962年以来首次出现了负增长,印度已经超过中国成为世界第一人口大国。要如何提高生育率?

现有的讨论几乎只关注提高生育意愿,却忽略了有意愿但没有能力(想生却生不了)的家庭。同时,关注焦点几乎都在女性,忽略了男性的生殖健康。

拉维斯基(Ravitsky)和基明斯(Kimmins)曾于2019年在牛津大学下属的《生殖生物研究》上撰文指出,全球六分之一有生育意愿的家庭会遇到不孕不育问题。莱斯莉·施罗克(Leslie Schrock)在《经济学人》撰文称,其中一半的问题出在男性身上。

男性不育症有很多原因,例如炎症、先天性发育、外伤、感染等情况,导致阴茎无法勃起、没有精子或精子有问题等。

随着辅助生殖技术的快速发展，即使不彻底解决男性不育问题，只要有一个健康的精子，都可以实现怀孕。其中，精子库是极端的生殖辅助技术，需要使用别人捐献的精子（或之前自己冷冻的精子）。

但据近期新闻，国内多地精子库告急。据《山东商报》报道，"国内多个地区不孕不育比例高达15%，其中40%是男性精子问题导致的不孕不育"。山东、湖南、四川等省的精子库都公开招聘捐精志愿者，合格的志愿者总共可获约5 000元补贴，平均每次合格补贴300~500元。

500元的补贴是全球平均水平的1.5倍，符合全球整体范畴。而精子质量的下滑也是全球大趋势。

本文将简单从捐精的"补贴金额"和"质量"两个角度，进行国际数据对比，引用全球顶尖文献，试图科学探讨如何更好地关注男性健康、提高精子质量，以提高优生优育和长期生育率。

捐精（平均每次）补贴金额是国际平均数额的1.5倍

捐精必须通过严格的质量筛查，只有最终质量通过的志愿者才会得到补贴。

凡·登·布勒克（Van den Broeck）教授等人对来自9个国家、29个精子库的研究显示，平均捐精志愿者收到的补贴在10~85美元之间。按照平均50美元计算，约相当于340元人民币。

而我国平均每次捐精补贴500元，和美国捐精补贴等同，比国际平均数额略高，符合整体范畴。

我国新闻中报道的5 000元，是在精子质量和捐献次数都合格的前提下，捐精志愿者收到的最终补助预计值。

北京大学第三医院是大陆第一例试管婴儿诞生地，在该院人类精子库捐精的整个过程，包括前期的两次体检，6个月内10次左右的捐献，其中两次取精最短间隔48小时；平均每次现金补贴300元，最终血液复查都结束后还有爱心补贴，共5 000元——相当于平均每次捐精补贴500元。

我也联系了国内其他数家领先的生殖健康中心，包括湖南中信湘雅、山东大学附属生殖医院等，过程和补贴都类似。

在精子捐献技术实行了很多年的美国，耶鲁大学社会学系的阿尔梅林（Almeling）教授研究发现，对捐精志愿者的补贴通常为单次50~100美元。

捐精过程是："男性签订合同并同意每周提供一到两次精子样本，整个过程至少一年。每次到诊室捐精前至少提前两天禁欲。每个精子库都有捐精志愿者使用的小房间，配有水槽、椅子和色情杂志。大厅对面是实验室，技术人员处理样品，然后将它冷冻并储存在精子银行，直到有人购买用于人工授精……只有在精子数量和质量达到要求时，捐精者才会收到相应补贴……"

"捐精市场的补贴差异不大，一家精子库通常会补贴捐精者们相同数额，每个样本在50美元到100美元之间。"平均下来是75美元，按1美元等于6.8元人民币的汇率换算，相当于510元人民币，和我国类似。[①]

精子数量和质量的下滑是全球大趋势

全球捐精研究里最为广泛引用的，是莱文等人（Levine et al., 2017）研究的1973—2011年间的全球42 935位男性的文献。研究发现，在过去40年里，西方世界（北美、欧洲、澳大利亚和新西兰）的精子质量显著下降。其中，精子浓度降低52.4%，精子总数下降59.3%。其他地区数据则没有统计学上的显著变化（见图4.3）。

---

① 本文自始至终使用"捐献补贴"，而不用"购买"或者"价格"之类的表述。因为精子并非商品。另外，精子捐献有大量需要考虑的因素，特别是在法律和道德层面。无论是对健康男性可以捐献精子数量的上限控制，或是对隐瞒遗传疾病史的捐献者的监管和惩罚，抑或捐献者是否有对下一代的知情权、探视权和抚养权，甚至个体是否拥有"消费或享受"育儿乐趣的思考和探讨等。这些都是非常值得关注的问题。

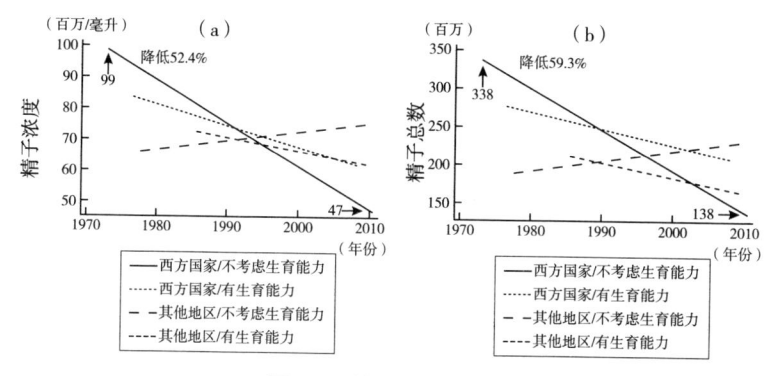

图4.3 精子质量变化图

西安交通大学的吕茉琦教授等2021年在《人类生殖学》上发表文章，统计了1981—2019年中国32.7万名健康中国男性的精子样本。研究显示中国精子质量和西方国家的趋势类似，精子浓度下降37%，精子总数下滑28%。

另外，邹志康（音译）教授还研究了中国六个地区的部队的精子质量，样本包括1 194位18~35岁的男性，通过精液量、精子浓度、精子总数，精子活动力等指标，发现88%的男性至少有一项指标低于世界卫生组织的建议标准水平。研究指出，季节、饮食、生活方式、气候和海拔都是可能影响的因素。

社会、两性该如何应对？

一半的不孕不育问题出在男性身上，过去40年里中国男性精子浓度下降37%、精子总数下滑28%……这些数字非常惊人。

异常的精子质量可能预示着严重的疾病。施罗克指出，精子质量"是肿瘤、癌症、糖尿病和整体发病率的一个重要生物标志"。

而且，低质量精子还会影响女性和下一代的健康："父亲年龄的增加使孕妇患妊娠糖尿病和先兆子痫的风险更大。女性只为孩子贡献四分之一与年龄相关的基因突变。孩子未来患精神分裂、唐氏综合征、双相情感障碍、孤独症、白血病和其他癌症的风险会随着父亲年龄的增长而增加。早产、癫痫、先天性心脏病和唇腭裂等残疾的风险也是如此。"

著名的生殖流行病专家莎娜·斯旺（Shanna Swan）教授也曾指出，过去40年全球精子数量以平均每年1%的速度下降，睾丸素也以每年1%的速度下降，男性勃起功能障碍以每年1%的速度上升，女性流产率以每年1%的速度上升。这些都有极强的相关性。

所以，关注精子质量，不仅是关爱男性健康，也是关注女性和孩子的健康。性别平等，不仅要关心女性，也要关心男性。

中国传统观念里，生育都是女性的责任和问题，男性似乎只要赚钱养家就可以。而专家们已经明确指出，不孕不育的一半问题，都来自男性。对此羞于开口，没能全面普及知识，让女性承担了过多的不是自己的问题的压力，也是对男性健康的不负责。

那么，社会、男性和女性，如何更好地应对这个问题呢？

1.对男性来说

专家们给的影响因素和建议包括：

吕茉琦教授等在中国精子质量研究里提到的可能影响因素包括：年龄（增长）和禁欲（间隔变短）、地理变化［种族、社会阶层(正相关)、温度（负相关）］、生活方式（包括肥胖、抽烟、过量喝酒、手机电脑电磁波等的电磁污染、缺乏睡眠、过度锻炼、压力）、环境毒素（食品、水、家庭用品和个人用品中的内分泌干扰物)。

斯旺教授和科利诺（Colino）在《倒数（精子数量下降）》（*Count Down*）一书中提到，生活方式（肥胖、抽烟、压力等）是自己可控的，但环境激素（Endocrine Disrupting Chemicals，简称EDCs），则是个体很难控制的。

EDCs包括农药中的杀虫剂、垃圾焚烧产生的二噁英、某些软垫沙发和健身垫里的阻燃剂等。其中双酚A（BPA）和邻苯二甲酸酯是两类重点有害化学物质，而且它们最常见于家用塑料制品中，从矿泉水瓶到食品包装，都有它们的身影。

人类内分泌系统可能会受到这些化学物质的有害影响，从而影响睾酮和雌激素的产生。所以，避免有EDCs成分的物品使用，是避免影响精子质量的关注重点之一。

施罗克提出生产健康的精子很简单：避免热水浴缸和桑拿，不骑自行车，不吸烟，少吃加工食品，少喝酒，戒掉汽水，多锻炼，多睡觉，备孕前三个月避免使用会干扰激素的化学物质的家用产品。

她还指出："男性从35岁开始生育能力下降。35岁后精子活力和形态质量均下降，导致反复流产和出生缺陷的DNA（脱氧核糖核酸）碎片会增加。"

其实不仅是健康，大量研究证实男性年龄和下一代的智商、成绩和学历也有强相关性。

加若（Gajos）和比佛（Beaver）教授研究了1 000多位9岁孩子的智商（PPVT测试），证实父亲年龄与下一代智商呈倒U形关系（见图4.4），即过于年轻或过于年老男性的下一代智商更低（30岁上下最佳）。即使在控制了可能影响智商的其他因素（例如社会阶层、母亲背景等）外，父亲年龄对男孩智商的相关影响依然存在，且在统计学上呈现显著的因果关系。

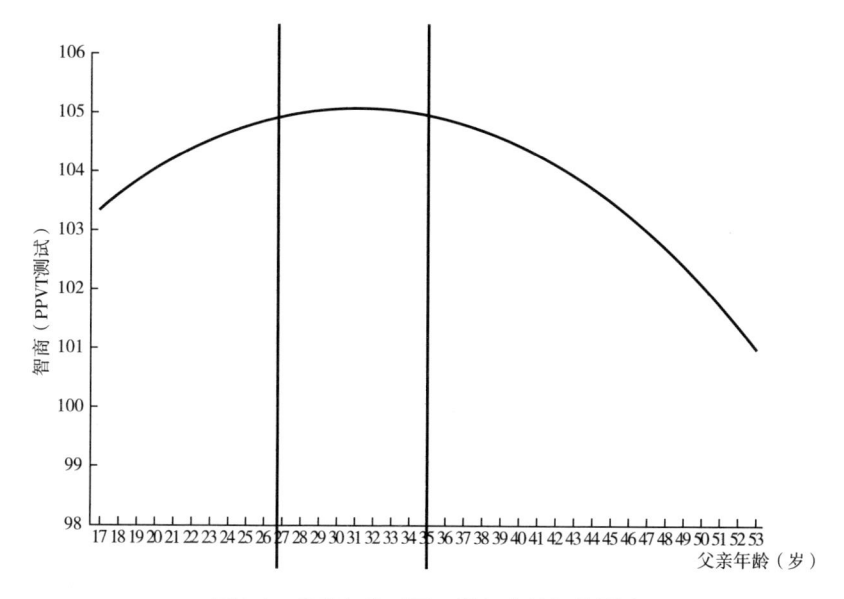

图4.4 父亲年龄对下一代智商的相关影响

多诺费奥（D'Onofrio）领导的研究小组分析了瑞典1973—2001年出生的260多万人的医疗和公共记录，发现父亲年龄增大与下一代学业成绩下降、精神病等风险的增加有关。与20~24岁父亲所生的后代相比，45岁及以上父亲的后代在患孤独症、注意力缺陷/多动障碍、精神病、双相情感障碍、自杀未遂、学习成绩不及格、低教育程度等方面有更高的风险。

这些发现与之前研究的假设一致，即年龄更大的男性的精子生成过程中发生新基因突变的可能性更大，导致下一代发病率更高，且学习更差。

这是非常值得关注的一个问题。传统上我们只认为女性有生殖钟，男性虽然没有直接的"停精"生理点，但精子质量随年龄增长而衰退，所以男性也应该考虑在35岁前利用精子库技术保留自己的高质量精子，对自己和将来的家庭负责。

2.对女性来说

女性也要避免接触EDCs等有毒物质。一来暴露于过量EDCs会影响怀孕，二来怀孕初期是胚胎生殖系统的成长阶段，EDCs会影响到下一代生殖系统的成长，会降低男婴未来的精子质量。

此外，在女性经济更加独立和社会地位提高的今天，在不孕不育观念更科学且平等的今天，女性的择偶观会发生很大变化。其中一个表现在于，女性会考虑和衡量男性的年龄，看重男性的生殖健康。

年龄大的男性，会增加精子质量风险，对应增加：（1）怀孕难度，（2）孕期对女性和胎儿造成的各种高风险及生命的威胁，以及（3）未来孩子患各种病的概率变高、智商变低和学习变差等。

所以在备孕期间，家人不仅要关注女性健康，从饮食到睡眠，从压力到暴露在EDCs，的可能，对男性也要重视和关注。不仅仅是传统意义上的少喝酒不抽烟，还不要忽略了男性的身心和生殖健康。

3. 在政策和社会观念上的四个建议

（1）政府治理，降低环境中影响生育的有毒化学物质。

以欧盟为例，2011年开始禁止在婴儿奶瓶中使用BPA塑料。我国可以参考降低或废除日常生活用品里BPA和邻苯二甲酸酯这两类有害化学物质的成分。专业问题还请政府和专家们决策和考量。

（2）宣传男性30岁生育黄金年龄分割线概念，提倡关注男性健康和精子质量。

女性有生育力和卵巢功能的高峰期，男性也有精子质量的高峰期。各方宣传在强调女性生育黄金期的同时，也应该强调男性生殖年龄的重要性。

30~35岁是男女双方共同的重要生育年龄分割线。10月28日是世界男性健康日，我们应当对此有更多重视。

（3）考虑将婚前检查列为结婚的必要条件。

这对双方的身体健康，对未来生育计划和家庭幸福，对践行我国的优生优育政策，都是重要且必要的流程。

严格地讲，检查不仅检查精子，还有整体精液检查。即便精子没问题，精液若是pH酸碱度有问题，或不能正常液化，也会影响生育。精子是精液的一部分，所以我们要关注整体精液健康，而不仅仅是精子健康。更严谨地说，是关注男性生殖健康。

（4）更多相关监管。

即使在技术实行了很多年的北美和北欧地区，捐精的相关法律依然不够完善和健全，也不够系统化。在政府要求之外，每家精子库有相当大的灵活空间。

对此，国家卫健委于2021年更新发布了《人类辅助生殖技术应用规划指导原则》，希望能看到更多相关的监管及时更新。

结语

传统意义上，女性是不孕不育症研究和治疗的焦点。随着科学进步和普及，我们了解到一半的不孕不育病例来自男性，但在日常生活、社会文化及传统观念中，男性的这一部分在很大程度上被忽视了。

在生育率断崖式下降的今天，关注男性生殖健康，是生育政策刻不容缓的关注重点之一，也是值得政策、观念、男性和女性都重点关注的问题。

参考文献

[1] Ravitsky V, Kimmins S. The Forgotten Men: Rising Rates of Male Infertility Urgently Require New Approaches for Its Prevention, Diagnosis and

Treatment[J]. *Biology of Reproduction*, 2019, 101(5): 872-874.

[2] Schrock L. We Need to Break the Taboo around Male Fertility, April 16th, The Economist by Invitation.

[3] 世界卫生组织关于不孕不育的介绍: https://www.who.int/news-room/fact-sheets/detail/infertility。

[4] Van den Broeck U, Vandermeeren M, Vanderschueren D, Enzlin P, Demyttenaere K, D'Hooghe T. A Systematic Review of Sperm Donors: Demographic Characteristics, Attitudes, Motives and Experiences of the Process of Sperm Donation[J]. *Human Reproduction Update*, 2012, 19(1): 37-51.

[5] Rene A. Genes, Selling Gender: Egg Agencies, Sperm Banks, and the Medical Market in Genetic Material[J]. *American Sociology Review*, 2007, 72(3): 319-340.

[6] Pietrzak A. The Price of Sperm: an Economic Analysis of the Current Regulations Surrounding the Gamete Donation Industry[J]. *Journal of Law & Family Studies*, 2012, Vol 14(1):121-136.

[7] Levine H, Jørgensen N, Martino-Andrade A, Mendiola J, Weksler-Derri D, Mindlis I, Pinotti R, Swan S. H. Temporal Trends in Sperm Count: a Systematic Review and Meta-regression Analysis[J]. *Human Reproduction Update*, 2017, 23(6):646-659.

[8] Lv MQ, Ge P, Zhang J, Yang YQ, Zhou L, Zhou DX. Temporal Trends in Semen Concentration and Count among 327 373 Chinese Healthy Men from 1981 to 2019: a Systematic Review[J]. *Human Reproduction*, 2021, 36(7):1751-1775.

[9] Zou ZK, Hu H, Song M, Shen Y, Guo X, McElreavey K, Bittles AH, Wang W. Semen Quality Analysis of Military Personnel from Six Geographical Areas of the People's Republic of China [J]. *Fertil Steril*, 2011, 95 (6):2018-2023.

[10] Swan S H, Colino S. Count Down: How Our Modern World Is Threatening Sperm Counts, Altering Male and Female Reproduction Development, and Imperiling the Future of the Human Race [J]. *Journal of Environmental Studies and Sciences*, 2020, 11: 756-757.

[11] Gajos J M, Beaver K M. The Role of Paternal Age in the Prediction of Offspring Intelligence [J]. *Genet Psychology*, 2017, 178 (6):319-333.

[12] D'Onofrio B M, Rickert M E, Frans E, Kuja-Halkola R, Almqvist C, Sjolander A, Larsson H, Lichtenstein P. Paternal Age at Childbearing and Offspring Psychiatric and Academic Morbidity [J]. *Jama Psychiatry*, 2014, 71 (4):432-438.

第五章
友人分享

性别比例，女性选择和国家未来[*]

导语 女性选择男性——女性的选择偏好决定一个家庭和国家的未来。大自然总会重归万物于平衡。

由于独生子女政策和20世纪90年代超声设备的普及，基于性别的选择性流产造成中国出生性别比例的失衡。然而迄今为止，性别比例失衡对社会的破坏影响一直是有限的，因为这种不平衡在很大程度上被限制在了婚前一代（即儿童和青少年）。

随着性别失衡一代人步入成年，其社会影响将变得更加

---

[*] 本文作者张鲁湾。张鲁湾，某国际顶尖咨询公司前亚洲咨询业务合伙人。感谢赵鸿潮的编辑工作，以及张兰、赵婧、职嘉男三位的翻译工作。

严重。一系列研究表明，女性的社会角色可能发生根本性的改变。

性别比例是塑造族群行为中相当重要的基础力量。当比例不再平衡，奇怪的事就开始发生。在动物王国里，雄性数量过剩通常会加剧交配竞争，可能会对外貌和社会行为产生各种影响。

交配竞争通常被认为会导致更明显的性别二态性，或者是一个物种里雌雄两性间外形的差异。

例如，有研究显示，如果某地雄性狒狒数量超过雌性，作为择偶的结果，雄性的身形会变得更魁梧，因为身形更大的雄性能够赢得战斗从而获得雌性为其繁衍，获得更多后代。在其他特征上也能发现二态性，例如犬牙和睾丸的大小（对于精子竞争很重要的物种来说）。

除了体形的变化，性别比例的变化也会引起繁衍策略的改变。

例如，当男性之间竞争越来越激烈，男性会花更多精力养育自己的后代，而不是去寻找其他的配偶。生活在雄性占主导地位的群体中（如大猩猩），交配竞争也能增加非本群体的雄性杀婴现象，导致雌性发情并且降低未来的竞争。

对动物界这一现象，人类有不同表现吗？在大多数人类社会，蛮力不再是交配竞争成功的决定因素。相反，交配竞争的主战场之一是经济领域。研究发现性别比例失衡会引起经济行为的变化。例如：

性别比例对女性留在劳动力市场行为的影响。

麻省理工学院（MIT）经济学家约舒亚·安格里斯特在研究美国移民社群的问题时发现，一个地区性别比的提高会降低当地女性的劳动力供给。由于女性寻找丈夫的概率提高，女性更有可能在结婚后离开劳动力市场。

性别比例也会影响家庭储蓄行为。

魏尚进和张晓波的研究发现，中国将近半数家庭储蓄率的提高可以归因为性别比的提高。文章的研究主体并不是未来的新郎，而是他们的父母。父母增加储蓄是为了买房子，从而提高儿子在婚姻市场的竞争力。

是否性别比上升总会导致男性储蓄更多？

一项关于美国城市的心理学研究表明不尽其然。明尼苏达大学的弗拉达斯·格力斯可威克斯（Vladas Griskevicius）和合作者发现，高性别比使得男性之间的竞争更加激烈，因为男性会通过更加冲动的消费给未来伴侣留下印象，所以高性别比实际上降低了短期储蓄。

这项研究结果是否与中国的研究结果相矛盾呢？未必。

高性别比使得男性之间的竞争更加激烈，但是不同社会竞争的类型和寻找伴侣的策略都有差异，这取决于女性认为什么更重要。也许恰好在中国，节约以及长期财务稳定比礼物以及短期物质利益更被女性看重。

创业和努力工作？是的。

魏尚进和张晓波在另一项研究中发现，在性别失衡更严重的地区更有可能出现民营企业。此外，他们发现只有儿子的家庭比只有女儿的家庭更有可能创业，并且这一效应在性别比例失衡更严重的县级地区更明显。他们也发现在性别比更高的地区，有儿子的家庭的工作意愿更强，工作时间更长，并且更愿意接受条件更差的工作。

性别比例上升的影响是实实在在的，所以政策制定者们应该提前考虑很难预知的各类问题。这些未来的各种可能发展将如何影响两性之间的关系以及中国社会中女性的福利？答案并非一目了然。

根据大多衡量性别平等的标准指标，例如劳动参与率和同工同酬，女性面临的状况可能会恶化。如果以上研究提到的证据有指导作用的话，婚姻市场的竞争加剧将导致男性工作更努力，存钱更积极，同时财务大权会更多集中在男性手中。与此同时，女性在财务上会变得更加依赖她们的丈夫。

另外，根据供需原则，性别比例的失调会导致双方在婚姻市场上的议价能力发生变化。

虽然男性跟女性在经济方面的差距扩大，家庭的动态可能会改善。有文献指出，不只是针对人类，也有针对非人类的研究，发现婚姻市场上的激烈竞争会导致男性（雄性）提高对下一代的投资（变成更好的父亲），提高结婚率，以及不工作的女性在两性关系中要求更高的话语权。

大自然总会重归万物于平衡。雌性动物会针对雄性更有进攻性和竞争性的特点采取相应的对抗策略。对于大猩猩种群中存在的谋杀幼崽的行为，雌猩猩通常的响应是开始跟很多不同的雄猩猩交配，从而使想要冒犯的雄猩猩分不清楚哪个幼崽是它自己的。

越来越多的证据也表明，雌猩猩会操纵下一代的性别比例来最大程度增加延续后代的概率。太多的下一代雄性意味着有的雄性可能无法继续繁殖，此时生一个雌性会是更为稳妥的选择。

多数载入史册的大规模性别失衡是由于战争导致的女性剩余。中国男性剩余的现状并无经验可循，很难预测它的长期发展趋势。

之前的独生子女政策是导致大量基于性别的选择性流产的主要原因之一，随着此项政策的取消，性别失衡可能在历史长河中只是沧海一粟。是否损害已经形成并无法逆转，也许是只有猩猩才知道的问题。

两性的博弈经济学[*]

导语 家庭的开支谁说了算?

消费是家庭中最主要的决定之一,家庭消费大致可以分为以下两类:

共同开支	房产,子女的教育,健康投资,家庭医疗保险。
私人消费	化妆品,服饰,烟酒。

家庭是如何做这些消费决定的呢?

学术界有两种观点。一种观点认为,家庭是以整体存在的。一家之主了解所有人的喜好,然后他/她以家庭为单位,为每个人的消费找到最优解,之后所有人一一执行。另一种观点认为,家庭中的消费构成在一定程度上取决于家庭成员,主要是夫妻间的博弈。

---

[*] 本文作者陈劼。陈劼,耶鲁大学经济学博士,上海科技大学创业与管理学院副教授。

那是什么决定了博弈的结果呢？

经常听到一些姑娘说，要想得到丈夫的心，必须好好打扮自己，过好自己的生活。我们这代人也一直抱着一定要有经济收入，才能有家庭地位的观念。这些说法都侧面地反映了博弈在家庭中的重要性。

研究发现，夫妻之间的博弈能力，主要取决于以下几点：

（1）收入占家庭收入的比重。收入高的人会有更大的议价权。

（2）产权，包括房产、地契的所有权等。拥有不动产产权的人，会有更大的议价权。

（3）外部因素，比如社会观念、家族势力、离婚的条例等。

研究还发现，对女性来说，结婚的年龄，嫁妆的多少，以及结婚时的受教育水平都决定了女性的基本博弈能力。

在传统的家庭构建中，户主一般为男性，女性的博弈能力相对较低。这主要反映在女性对家庭开销以及时间支配的决定权比较小。很多研究发现，如果一个家庭中女性博弈地位提高的话，该家庭会增加对子女的投资。这是因为女性对公共用品的偏好更大，而在家庭中最重要的公共用品就是子女。从人力资本积累的角度看，这对社会发展有非常积极的作用，尤其是对发展中国家来说。因此很多发展中国家在制定扶贫资助政策时，也倾向于把资助款直接交到女性手中，而不是交给所谓的"户主"。

家庭中的博弈除了消费品，还包括时间的分配和生育意愿。其中生育意愿除了和丈夫博弈，往往也包括和婆婆之间的博弈。研究表明，在婚姻中，女性的生育意愿往往比丈夫少 1~1.5 个孩子，这表明家庭中究竟生几个小孩，往往是双方博弈的结果。

家庭暴力同博弈能力也有密不可分的关系。很多研究表明女性参加工作，长期来看能减少实际被家暴的概率。研究也发现，女性的工作参与会给家庭造成一定的不和，甚至提高了短期内被家暴的概率，但长期来看却对提高自身的家庭博弈能力、降低家暴概率有着很重要的作用，并对下一代的教育、健康等起到积极的作用。

认识到"家庭并不单是一个个体"对政策制定有很重要的指导意义。比如上文提到的对家庭的补贴，是直接补贴给户主还是母亲？要提高弱势方在家庭中的地位，提高收入并非唯一有用的做法。很多研究发现，明确女性的产权继承，对离婚法条的明确执行，都有利于女性的婚内安全，对包括身体和精神上的安全保障带来很大的作用。

很多人可能会说，现今的中国社会并非如此。女性在家庭中的博弈地位相当高，尤其在城市地区。但仔细研究不难发现，中国家庭只是把婚后博弈提到了婚前，以提高自己的基本博弈地位。在一个对女性婚内利益相对保护不完全的社会（比如缺乏严格的反家暴法，对离婚和子女抚养费无法严格执行等），婚姻本身就会降低女性的博弈能力。加上婚内家务劳动很少被承认，在牺牲了外部劳动力市场的竞争以后，自然博弈能力就会下降。所以女性需要在婚前尽可能地提高自己的基础博弈地位。我们经常能见到女方婚前要求在房产证上加名字的现象，这并不是因为社会价值观的单一，而是从另一个侧面反映出，由于可预见的婚后博弈能力下降，女性只有通过提高婚前的基础博弈地位来达到利益最大化。

撇开经济学的理论，从社会学角度来说，婚内博弈也是一个不可避免的发展趋势。婚姻是一种约定俗成的社会规则。二战结束以后，大部分国家的婚姻模式进入了男主外女主内的特定伴侣关系。但随着经济和社会的发展，很多亚洲国家鼓励女性也参与工作以推动各国的经济发展。当稳定的伴侣式婚姻受到经济发展、人口结构变化等的冲击时，人的行为就会相应地做出反应。

在当今社会里，女性需要工作，在家庭中的角色自然也发生了变化。随之而来的是家庭内部的分工、消费的分配都有了脱离原本伴侣式婚姻的需求。在新的社会规则形成之前的转型期，很多决定都需要双方沟通来完成。因此家庭博弈的过程对处在变动中的婚姻制度起到了重要作用。这就如同你和单位签了雇佣合同，明确了年薪和工作时间。但具体安排什么工作、如何绩效考评、花多少时间和精力去完成这些工作，多是无法在合同中明确的，而是需要在工作中具体沟通调节得到的。

当婚姻关系逐渐从伴侣式进入个人主义的时候，无论男女，都开始更加注重自身的需求，而不仅满足于合二为一的家庭整体，博弈的存在就成了不可避免的现象。博弈的结果从整体经济效用上来说可能不如单一的家长制的家庭模式。但在个人主义的需求上升到一定程度的时候，博弈就变得很重要了。这种个人主义的诉求，很多时候甚至超越了牺牲自我而达到家庭利益最大化的需求。

所以，从政策上看，在新的稳定的社会规则形成之前，让所有的人，无论男女，在婚姻内有相应的博弈能力，这不仅是有效的，也有一定的公平性。在认识性别差异和两性在家庭中作用差异的基础上，通过政策保护，让弱势方在婚姻内能有同样的话语权，也就显得尤其重要。

风投女神张璐：真正强大的女生，不惧职场歧视

导语 风投世界里的性别不平等。

别人眼中的张璐，是全美十大华人杰出青年，世界经济论坛全球青年领袖，硅谷 Fusion Fund 风险基金创始合伙人。

她管理着上亿美元的资本，是成功投资了马斯克 SpaceX 等项目的商业奇才。

我眼中的张璐，是个从来都闲不下来的妙人儿。

她既能自己提着工具箱修钢琴，也能享受格莱美红毯和奥斯卡晚宴。疫情防控期间，她不仅装修了房子，还做了新的基金。

疫情防控期间和她聊天，她说："现在生活节奏太正常了，每天三餐都可以按时吃，周末还有时间看点综艺。我就是觉得日子太舒服了，不能这么浪费时间呀。"

我就从这里开始记录我们的对话（以下为对话节选）。

属于30多岁女性的夏天

刘倩：你最近在看什么呢？

张璐：最近我刚看了我妈推荐的《三十而已》，演员演得不错。虽然价值观挺狗血，但这里面对女性自我精神、自我意识和自立自强的描绘比以前好很多了。

而且编剧没有试图给三个女生打造完美的人设。她们也有问题有挣扎，但最后还是选择依靠自己、发现自我，我觉得这个主题很好。

刘倩：我这段时间在追《乘风破浪的姐姐》，你喜欢里面的谁呢？

张璐：我喜欢阿朵和张雨绮。阿朵是那种活得非常清楚、成熟有风情又有才华的女性，她很独立，也很明确自己的人生目标。张雨绮的话，真的很美呀！而且有大女人的自信和气势。

刘倩：你是什么路线呢？

张璐：我可能女性特质不是很明显，所以就特别喜欢和自己相反的，比如阿朵和张雨绮那样的，不仅自信，而且举手投足都是风情，也有可爱和娇媚的一面。你呢，你比较喜欢谁？

刘倩：好几个都觉得蛮有意思的，比如伊能静和李斯丹妮。

节目开始很想强调女人的霸气和独立，大家就经常穿黑色衣服，好像只有黑色才是权力和力量的象征。但伊能静最开始穿了一身黑白蕾丝,打扮得像小公主。就是那种老娘想穿什么就穿什么,我就是要当公主。

李斯丹妮有一期和宁静PK,一点都不怵她,这点特别酷。就是你有能力,撒娇的时候该软就软,同时遇强则强,这个特别好。

飒也可以,魅也可以,娇柔也可以。独立自主的最高境界应该是我想干什么就干什么。

张璐:对,有时社会对职业女性的定义是要有力量,必须展示出一些男性特质,才能去做领导者,但其实并不是。

就像你讲的,老娘想穿什么就穿什么。想成为什么样的人,我有非常明确的目标,不被别人定义,这个就很有力量。

女性特质碰撞硅谷文化

刘倩:记得你之前在联合国妇女署的采访中提到,科技可以促进女性赋权和性别平等。技术创新可以绕过生理能力,从而赋予参与者更大的能力。因为当生理上的差异被消除,剩下的就是人的洞察力和观察力。

但你也提到,很多女性不愿意甚至不敢做CEO,你说"当CEO是OK的,女性并不一定总要被别人喜欢"。

张璐:对,不仅是中国女性,我周围的美国白人女性也有同感。女性从小有个核心的教育概念——你要招人喜欢。

但是你想,作为公司的最终决策者,CEO大部分时间做的都是非常难的决策,必然会受到更多人的尊敬、爱戴,还有敬畏。

我有个女性高管朋友,董事会想让她做CEO,她说我才不去被人当成bitch(凶婆娘),那么bossy(摆老板架子),这种想法其实跟我们从小被灌输的概念有关——支持别人,好好奉献。女性可能从小被教育得奉献感会强一点,所以她觉得做支持性的2号人物会更舒服。

可是真的要进行系统性变化,与其成为打破规则的人,不如变成制定规则的人,那就必须做一把手。

信心也是一个重要原因。大部分女性只有在把握非常大时才愿意做,因此她们做事情相对更加稳妥。比如,投行或私募基金里有一些很棒的负责人也是女性,她们对风险的把控更稳健,不容易冒大风险。

但这有两面性。一方面女性可能觉得事情有风险就会再等等,自己再储备一下。另一方面是对还没特别有把握的事缺少信心,那风险意识就更强。

刘倩:不少公司的COO(首席运营官)是女性,CEO是男性,你觉得是男的更擅长策略规划,女的更擅长执行和运营吗?

张璐：绝对不是。这跟性别没有任何关系，只是每个个体的不同。有些人更有远见，有些人更看重细节。

举个不恰当的例子，在我的基金公司里，我算不上是特别有条理的人，所以我招的男性运营合伙人，日常打理很多细节。比如，法律文件我签完字后，他就会去认真归档、具体运作等。

而我做得更多的是长期大方向上的把握。我也不是个例，很多时候就是看每个人的特点和性格。这跟性别没关系，我们挑选创始人也是既要有远见，也要有运营能力，男性女性都有很多。

这不是投资圈的文化，可能更多是硅谷的文化。整个硅谷还是有一定的歧视和偏见，但相比之下，它不管你的背景、性别或种族，都会给你机会去探索很多事情，每个人都有无限可能。

其实我在硅谷也被歧视过，只要有人的地方永远都存在歧视。

我当年做企业时才21岁，来美国的第一年，正在读书，还是女性，还是在做医疗器械。

当时，医疗领域里全都是四五十岁以上的白人男性。所以人家一看到你，和以前见过的公司高管或者创始人都不一样，必然会有偏见甚至怀疑。

投资者当时见了我很惊讶,直接就问"你多大?怎么还是个女的?""你才21岁,我在这个行业都待了20多年了,为什么要听你讲?"

我当时被歧视得很严重,但你不能要求大家思想开明,完全没有歧视。

硅谷比较有意思的是,即使刚开始对你有偏见怀疑,当事实证明他们对我低估和错判了,这边大部分人愿意马上自省、改变,反过来跟你合作。其中有个当时对我很尖刻的人,后来成了非常好的合作伙伴。

并不像美国东海岸有些地方,我有朋友在哈佛大学那边读书,哪怕说已经证明这些人低估她了,但对方还是不愿意给她机会。

一个坚定又柔软的女孩

刘倩:你说当年高考考砸了,是考砸了还去了北大是吗?

张璐:没有啊,我考砸了去的天津大学。如果去了北大还说自己考砸了,那一定会有人骂我的。

我本来想读北大数学系,因为从小数学特别好。考砸了以后就重点看专业,我觉得材料学的东西比较多,涉猎比较广,数理化、机械设计等都要学。现在回头看其实对我帮助挺大的,因为无论我现在看哪个行业的技术创新,核心其实跟材料都挺相关。

刘倩：这个对20多岁的小妹妹们来说太励志了，即便没考上北大、清华，一样可以做超级酷的女性。

你身边的男女比例是7∶1，而且你很漂亮，但你觉得自己没有女性特质？

张璐：在性格层面上是的。但严格来讲也有一点性别歧视，就是我身上可能没有比如我很喜欢的张雨绮身上的这种媚和娇。

确实，我从小性格相对比较硬、比较直接，虽然这是性格的一个偏向，不过我从小到大都觉得还行，就是我什么事都要当领头羊。我也不在乎是否aggressive（激进），或者别人觉得特别bossy（摆老板架子）。

我没有担心别人是否喜欢我，因为我已经知道自己的性格不讨喜了。反正已经不讨喜了，我也不强求别人喜欢我，我就是要做决策者。

刘倩：你从小就不在乎讨喜吗？从来没试着让大家喜欢你？

张璐：一定试过啊。但后来发现，做自己比招人喜欢更重要。其实，在特定教育背景下，特立独行的人一定是站在招人喜欢的对立面的。

但这也是一个自我调节的过程，我也是经历了这个过程，才学会接受了自己的性格。

我从小就不是有一大堆朋友的人，但每个阶段都有几个特别好的朋友，是真的好到可以过命的，不是泛泛之交，因为我不太会取悦别人。

我周围也有人缘特别好的朋友，天生就有那种很温暖的能量。有时候参加聚会，我就觉得可能没那么容易融入大家，但也没关系。

慢慢我也接受了，这是我自己的选择，总不能改变自己到失去自我了。不是有这样一句话吗？生而不同，敢于不同。

刘倩：拿这么强烈的（好）标签给自己。

张璐：就是要给自己一些好的自我鼓励。其实也羡慕一些人可以很快和周围人打成一片。我现在其实有时候也会掩饰一些，还是得找一个平衡。

性别平等对男性的福利

刘倩：性别平等对男性也好吗？

张璐：当然好。比如前段时间关于美国著名的最高法院女性大法官金斯伯格的电影，她出名是因为曾打过一场男性平权官司。当事人是位鳏夫，想申领单亲家庭保障金来保证自己和儿子的生活，但当时的规定是只有单亲女性才能领取。

包括现在大家讨论女性工作和生活的平衡,欧美的家庭妇男越来越多,这些人也承受着很大的社会压力,而这些压力就是性别不平等导致的,只是这些人可能没有高调地为自己发声。

所以说性别平等,无论你选择什么生活和职业,我的评价标准是你有没有做贡献,而不是你是男是女,该不该做。

刘倩:你怎么看科技创新、多元化和性别平等?

张璐:多元化不一定是性别或种族相关的,其实是认知的多元化。像我们团队有男有女,有中西部出生的,有拉美裔,有在英国读书在新加坡长大的法国人,各种背景带来的认知多元化是最好的。从去年(2019年)开始,很多硅谷的风险投资基金意识到这一点,要多元化促进企业创新。没有多元化就会丢掉很多机会。而且女性创业者的能量现在越来越大,这波科技创新更多是以事实为基础的创新。

以前商业模式创新会看谁故事讲得更好,谁能撬动的资源更多。而现在的技术创新,是真的对女性非常有利。

另外,很多创新驱动来自人工智能、数据分析、生物工程、医疗等,正好女性在这些领域近两年成长得非常快速。

比如，斯坦福今年（2020年）研究生院的男女比例基本上为1∶1，斯坦福院长层里有近一半都是女性。这些都是很好的上升趋势，而且也是很重要的事实数字。

总入学人数	17 381
本科生总入学人数	7 087
研究生总入学人数	10 294
第一代入学斯坦福比例	30%

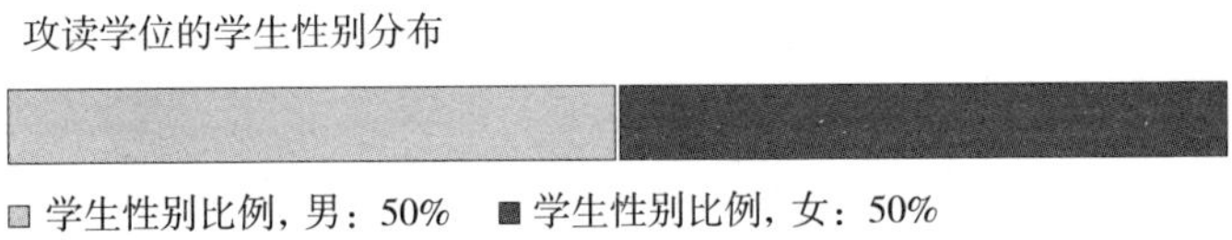

攻读学位的学生性别分布

□ 学生性别比例，男：50%　■ 学生性别比例，女：50%

图5.1　2020年斯坦福大学男女比例图

我特别不喜欢有评论说多元化只是为了影响力和社会责任，现实情况就是多元化不但能让我们赚更多的钱、有更好的投资回报和更好的商业表现，而且对公司来讲就是股价会更高。那你为什么不呢？

刘倩：我想不出来比上面更好的结尾了。最后一个问题，你将来有孩子的话，希望怎么跟孩子沟通呢？

张璐：我希望我的小孩从小有很强的自我意识，希望我的基因可以传下去。

首先，希望我们可以努力让下一代的生活环境里少一些这种不平等。

其次，我要告诉孩子，每个人都有无限可能，想成为什么样的人，就去做。永远不要接受别人说你不行。

每个人都有无限可能。
Never take No as an answer.
送给所有在看本书的乘风破浪的你！

人工智能、艺术与性别平等

导语 人工智能世界里的性别不平等。

这是2021年我与范凌的一次对话。范凌是哈佛大学博士，同济大学设计与人工智能实验室主任，世界经济论坛全球青年领袖和文化领袖，特赞创始人及CEO。人工智能是越来越受到重视的行业，所以请他来分享性别和人工智能的思考。

刘倩： 你到底是学什么专业的？

范凌： 我本科学建筑学，硕士学城市研究，博士学人机交互。你可以这样理解，我关心人和空间、人和城市，以及人和机器的交互——从本质上看都是交互。

刘倩： 记得你父母都是在美院教书，你也在美院教过？

范凌： 对。我自己热爱艺术，但是我是学理工科的。

刘倩： 为什么会有这种组合？

范凌： 我父母确实把艺术当作事业来做，但不一定是爱好。他们在艺术这个职业上兢兢业业，所以做得挺好。我是真的热爱艺术，但是父母当时都希望孩子能学好数理化，我

从 From
无限 Universality of
运算力 Computation
到 to
无限 Universality of
想象力 Imagination

创始人/首席执行官
Founder/CEO

特赞/TEZIGN.COM
企业级创意资源的数字基础设施
Digital Infrastructure for
Creative Resources

图5.2 离艺术最近的理工男——范凌的名片

就学了一个离艺术最近的理工科——建筑学。虽然本硕博是三个不同的专业，但我一直没觉得我在做不同的事，更像是个继续的、连贯的过程。

过去所说的环境是物理上的空间，这种空间很机械，有墙、有窗、有地板、有材料；现在所说的环境，既有物理层面的，也有虚拟层面的，线上和线下、真实和虚拟是无法分开的。比如，在材料上分男性、女性，空间上有男性、女性。

刘倩：法语里面的名词会分男性、女性，你说材料里面也分男性、女性？

范凌：建筑中有"再现"（Representation）这个概念，古希腊建筑的柱式就是再现了男性或女性的体态和性格，当然这个模仿是抽象的，通过柱子的比例和装饰来实现。这个跟性器官无关，就是说一个男性比较粗犷，所以它那个柱子就比较粗犷，相当于这个柱子是由男性撑起来的（见图5.3）。

图5.3 帕台农神庙

再比如，在雅典卫城旁边有一个伊瑞克提翁神庙（见图5.4），就是科林斯柱式的，里面的柱子上有很多细节，像一朵花一样，这种相对比较纤细的就像女性。

刘倩：纵观人类历史，你从性别角度再看这种空间和设计有什么变化吗？

范凌：性别的东西可能越来越弱化。以前原始的时候空间设计像身体，越晚期就越抽象。你看现在的钢筋水泥都是高度的抽象，你联想到的可能就不是人的身体，而是机器，比如房子看上去会像一艘船、一艘飞船、一个机器。

图5.4　伊瑞克提翁神庙

再拿人机交互来说，人工智能本质上就来自数据，数据来自人的输入。因为数据是被生产出来的，如果数据源是由雄性主导的，数据催生的人工智能就会偏雄性意识。

AI 算法里的性别不平等

范凌：很多时候，你不讲、我不讲，没有人会觉得算法是有性别歧视的。但是算法工程师大都是男的，怎么就没有呢？再比如，现在所有的智能音响基本使用的是女声。

刘倩：Siri这种？

范凌：对，基本都是女声，特别是在国内，比如天猫精灵、小度。而且女声越嗲，用户留存度越高。

刘倩：那更性感的男声，女生的使用频率会更多吗？

范凌：会，但是女生用智能音响的概率比男生低。

刘倩：目前为止，我们已知的数据显示女声声音越嗲，语音服务的使用率就越高？

范凌：不是。首先，选择声音（以小度或天猫精灵为例）时，默认这个助手的角色是女性。其次，这个女声越嗲，就会越吸引人。这是算法算出来的，也不能说是算出来的，其实是运营的人为了优化数据就有了这样的结果。为了增加用户的使用，也为了促进用户的活跃度，就会出现各种各样嗲的声音。我忘了是哪个公司的产品经理就公开讲，"自从我们换了声音以后，用户使用时长增加了30%"。这句话对于算法驱动来说没有错，打点擦边球，就是有市场。但是你听下来，作为一个人就会觉得有点奇怪。

刘倩：对，这个应该改变。

范凌：是的，所以要更多的女性算法工程师。但是我后来发现，很多科技公司的女工程师不多，很多都是在做测试类工作。前两天我去参加了一个女性工程师社区的活动，我感觉，其实女性更像是在推广科技，而不是在做科技，她们大都是在做项目经理、技术公关、技术投资人，等等。

刘倩： 那你怎么定义平等？

范凌： 我其实不一定知道怎么定义平等，但知道什么是不平等，你告诉我一个场景，我可以说这个不太平等。比如我在那个女性工程师社区活动中讲的，现在总在讲工作和生活的平衡，从某个角度讲，这是针对女性的。男性晚上出来喝酒，可以说是为了工作去应酬，从来没有人说工作生活不平衡。女性来公司不是要寻找工作和生活的平衡，她们是要寻找自己的事业。只有她事业做得足够好，她才有足够多的理由去工作。

讲一个可能不那么恰当的观点，我说我们公司没有工作和生活的平衡，创业期间不可能平衡好工作和生活，虽然我也反对"996"。我们只希望给任何想在事业上有追求的男性或女性一个公平的机会，让他/她有权利加班！说不公平，是说我们没有自由的意志，因为有一些刻板印象的假设，比如说女性就应该干什么，所以女的就必须得干什么，不干什么就会遭到道德上的谴责，我觉得这就是不公平。

AI时代的性别平等

范凌： 本质上，我们现在整个互联网经济的形态都叫注意力经济。时长是互联网产品一个很重要的指标，即你用一个软件的时长。因为算法本质上是黏性，让你不停地在一个东西上花费更长的时间，从而达到他的用户目标。所以对很多做技术的人来说，技术在解决左脑问题的时候，就是更高、更快、更强、更长时间、更有黏性、更戒不掉，做这样的优化以后，事实上就和平等平衡是矛盾的。有科学研究证实，当你一天打游戏超过两个小时的时候，你就会消沉，你就会不求上进，这种情况长期来说对经济是不好的。

刘倩： 你说左脑更快更强，算法更优化。这里的左脑和右脑怎么划分呢？

范凌： 左脑派认为计算机可以无穷无尽地智能发展，像马斯克或者比尔·盖茨，他们担心机器有一天会变成一个全能思考的机器。但是右脑派基本上都在美国的西海岸，以硅谷为主，讨论奇点的到来。右脑派，就是东海岸平衡观点的角度，比如像美国电子电气工程师协会和MIT的Media Lab，他们的研究人员认为机器智能是延展智能（extended intelligence）。机器智能是人类智能的延展，所以叫延展智能。延展智能是说，我们的终极目标不是用AI，不是用机器来做自动化或取代人类，而是促进和赋能。就像我们写文章，事实上还是人在写，但机器会帮我们纠错，会帮我们自动填写，让我们写得更丰富，从而让创造力可以不因技能而受限。一个人说我文字表述不好，那AI能够更容易地把你内心的想法表达出来，其实这个就是在降低门槛，但不是代替人类，有人把这种智能叫作导师网络（coaching network）。

AI能够让我们的想象力变得更容易，平等变得更容易，幸福变得更容易。所以延展智能最大的一个挑战就是，什么时候机器比人还聪明了，那你就算胜利了。但是延展智能的建立其实比较难，你能不能说有一个公正的AI，能不能说有一个性别中立的AI，或者性别赋能的AI，这是一个很有挑战的问题。

刘倩：未来有可能有吗？

范凌：我觉得只要人有意愿就有可能，但问题是会不会矫枉过正。比如精准扶贫听上去很有道理，但精准扶贫是基于大数据的，而数据的最大来源是电子信息、是手机。可是穷人连智能手机都没有，他在数字网络里的存在感就更弱了，这就是挑战。所以利用数据去看哪里要扶贫，大前提是要所有人都有数据知识和数据权利，但事实上有些地方的网络信号就是差，有些人的手机就是陈旧。其实这些地方的人更需要帮助,所以要求精准扶贫基于数据的覆盖是平等的,前提是数据的产生是平等的。

刘倩: 那解决方案是什么?

范凌: 我觉得首先是要让AI可被解释,现在AI其实是不能被解释的,你知道所有的技术都是先有应用再有理论。就像火,是先有人把火搞出来了,然后我们再研究怎么理论化解释火。AI也是一样。事实上,AI现在是在一个疯狂的应用期,但还不是一个理论爆发的时代。所以这也是为什么像拿了图灵奖的清华大学姚期智教授,像李飞飞这些科学家,他们要去做更底层的事情,而不是工程师们。比如说姚期智教授做的事情,就是数据输入使AI效果越来越好,但是我们都不知道为什么效果好。最近有一本很有名的书叫《为什么:关于因果关系的新科学》(*The Book of Why*),其实就在讲AI基本的逻辑是概率,是相关性,不是因果关系。不是因为我做了A,所以机器能做B,而是因为绝大多数的A导出了B,所以机器觉得A应该导出B。当数据的样本都是有偏的,AI自然也是有偏的,而不是因为歧视才有偏的。

刘倩: 所以,如果说现实生活中我们都不能做到性别平等,那AI世界就更不可能了。

范凌: 我其实没有那么悲观,我觉得,如果人类在没有AI的世界能够定义什么是平等,机器一定可以定义平等。

但是我们能不能清晰定义什么是平等？如果你能定义，而且大家都同意，那机器一定可以。也许不是说我们真的要去做一个性别平等的AI，而是要去做一个有多元价值观的AI。现在AI的价值观是更高、更快、更强、更赚钱、更有黏性，这些都是算法优化的结果，我们能不能做一个有多元价值观的AI？比如，我们有一个叫Blued的AI，假设Blued就是那个蓝城兄弟（同性恋），这个就是对同性恋特别友好的AI。我们经常看到对同性恋不友好的东西。为什么不能有一个对同性恋友好的AI？为什么不能有一个对未婚女性友好的AI，对没有网红脸的女性友好的AI，因为目前这不是优化的目标。

刘倩：谁定的优化目标呢？

范凌：花钱做AI的人。你想阿里花钱做AI，它是想干什么，当然是给你推荐你更有可能下单的东西。

一个父亲眼中的性别平等

刘倩：你有专门跟你女儿聊过性别方面的东西吗？

范凌：有。当时人家说我老婆怀的是个儿子，我一直叫他小范。我会说，小范你动了。如果知道是女儿，可能会叫一个雅一点的名字。正好那年我们去了美国，第一次做检查时，医生就说She（她）——我从来没预期是一个She，在中文里面他/她，反正是一样的发音，医生也不能告诉你性别。

在美国，医生突然意识到我们不知道小朋友的性别，而我心里认为的男生，突然变成一个女生，我一下子不知道该怎么办，所以我女儿出生到现在，其实挺中性的。

刘倩： 当那个护士说 She 之后，你的整个心态发生了什么变化？

范凌： 我其实很紧张，因为是个男生的话，我知道我是怎么成长的，不要比我成长得差就可以了。但知道是个女生的时候，我其实从来不知道一个女性是怎么成长的，所以我不知道该怎么对她，那是特别紧张的。

刘倩： 但是男生你没有担心过这个？

范凌： 男生粗糙点也不要紧。当然女孩就是希望她跳跳舞、唱唱歌什么的。

我女儿其实喜欢打架（很自豪地比画着说），每天要跟我打三百回合。她每天拿着个武器，可能爷爷奶奶姥姥姥爷就会说女孩子不要这样。男孩这样就不会被说，所以我觉得这些就是刻板印象，我觉得这个时候会显得（性别）不平等。

刘倩： 为什么需要性别平等？

范凌： 我其实很难讲为什么需要性别平等，如果我自己的话，我事实上觉得我是个有轻度大男子主义的人。我是有刻板印象的，就是男的该干男的的事，女的该干女的的事。

但是当我自己有女儿以后，我会想，她有没有一个机会去选择干她喜欢干的事。所以我不想把这个矛盾，变成男性和女性的矛盾。

每一个人的性别都是个人的属性之一，每个人应该有平等选择做自己的权利。

比如，我女儿如果有一天想做一件很男性的事情，我甚至有时候反而会觉得这是她的优势，就是女性在这个行业里反而是个优势。

刘倩：所以这是你为什么希望她去学数学吗？

范凌：也不是，我只是觉得数学和艺术是未来，就算人工智能时代来临，人类还是需要学习技能、培养技能。就拿数学家来说，他们都是拿白板算而不是用电脑，因为比电脑还有逻辑和智慧的是数学，电脑编程也编不出来数学。

电脑永远都无法理解艺术，因为电脑只能模仿，不管是音乐还是美术，电脑不会感知，你给人类看一张画，人会有感觉甚至感情，而电脑只会处理。而美是文化的教育，不是说我今天教你美的知识你就美了，就会欣赏了。

刘倩：那你不应该希望你女儿去学艺术吗？为什么会希望她去学数学？

范凌：这两个东西不矛盾。未来，艺术和数学是一个学科，就是左右脑，最左和最右要在一起。

我周围有很多家长都会问我，孩子学艺术，但是未来不想成为艺术家，那学艺术有什么用？孩子喜欢艺术，很多孩子天性就喜欢艺术。我想说，艺术不是一个功能，艺术是一个素养。

为什么是爱因斯坦提出了相对论，而不是其他物理学家？是因为爱因斯坦想相对论的时候，他想到了空间，他是用三维的方式想到了一个公式，而不是像很多物理学家，是用公式想公式。

这种三维的东西，比如有些人听音乐能听出空间感。所以我觉得这些东西是潜移默化的，不能说学艺术的就松懈，学数学的就严谨。

刘倩： 性别平等谁会受益？

范凌： 我觉得这个社会最终还是趋向正态分布的。比如我们经常觉得短期的不公平，比如性别歧视、种族歧视、民族歧视、地域差异等，都是在一个非常短的历史时间里看到的极端的现象。但是慢慢都会趋于正常，回归人性，回归人从哪里来，要到哪里去。

写在最后

范凌给我看了好多AI的设计，从《黑客帝国》里冰冷可怕的AI，到《超能陆战队》里的温暖大白，到他让学生设计的萌萌的AI娃娃（见图5.5）。

图5.5 脑机比：一种亲民的AI形象

作者：鲍壹方，指导老师：范凌。

他说："一个艺术家曾说，反正我在努力地做艺术，但艺术能不能成为艺术要看上帝。所以有些人在很努力地写代码，有些人在很努力地做又美又好用的解决方案，但能不能达到最先进的那个水平，要看你的造化。"

这是一位有思想深度、有绅士风度的范老师。我愿意相信他眼中的世界。既解决一些刚需，又在背后塞一点好的初衷，让这个世界多一些善意和信任。

达沃斯爸爸们如何平衡工作和生活？

导语 高端大气上档次的达沃斯世界里的性别不平等。

戴维·艾克曼（David Aikman），世界经济论坛（达沃斯）前大中华区首席代表，之前负责世界经济论坛下的全球青年领袖项目（Young Global Leaders，以下简称 YGL）。全球青年领袖成员包括致力于改善世界状况的诺贝尔奖获得者、普利策奖获得者、国家元首、企业首席执行官、社会公益领军人物等。

某年世界经济论坛年会（冬季达沃斯论坛）上，戴维和另一个朋友自发组织了一个叫"达沃斯爸爸们"的小社群，我们的故事就从这儿展开。

"达沃斯爸爸们"的缘起

刘倩： 最早你是怎么想到要成立"达沃斯爸爸们"的？

戴维： 我们这个小社群，可以叫达沃斯爸爸们，也可以叫 YGL 爸爸们。在谈我们的初衷之前，我想有必要先介绍一下达沃斯的这些青年领袖，能帮助大家更好理解在这个群体中的爸爸们。

首先,很多人对能去达沃斯开会的人有刻板印象,比如他们是世界上最有钱、有权的一帮人,都坐着自己的私人飞机,在房间里抽雪茄,然后就决定了世界上成百上千万人的命运,但其实并非如此。

事实上,你会发现他们不是关在象牙塔里夸夸其谈的人,而是真的非常关心和在乎这个世界的走向。他们会考虑将来留给这个世界的遗产是什么,他们的公司或事业对这个世界产生的影响是什么。参会的都是世界各行各业的人物,非常多元化,这一点在全球青年领袖的社区里体现得尤其明显。大家彼此互相启发。

有一年,达沃斯一场有 YGL 参与的分论坛里,大家在聊平衡工作和生活的问题。其中一个女性嘉宾说,我天天回答这个问题,真的有点烦了,为什么从来不问男性怎么平衡工作和生活,怎么既做父亲也做领导?当时,我就感觉脑子里灵光乍现,这事儿得办起来!

所有 YGL 的男性,都应该拥有这么一个探讨空间,因为很多人其实都有这方面的纠结。可对他们来讲,这几乎是一个禁忌话题。因为之前大家习以为常的是,男的就该坚强,不能讨论工作和家庭的平衡。采访男性领导,也不该问平衡工作和家庭的问题。

所以我们就组了个群,在会场外选了个小角落,讨论大家遇到的问题,以及都是怎么解决的。

有人会谈到频繁出差导致亲子关系出现隔阂,谈到亲子金钱观教育,还有请教如何在公众传播中保护孩子隐私,等等。这个平台后来成了一个对大家非常重要的支持来源。

随着小团体每个月的沟通,大家也在重新定义什么是成功。成功不仅是职场这一个维度,作为父亲、丈夫,你的角色和职责应该是什么样子的?当你说要改变世界,为世界做很多重要且有意义事情的同时,怎么更好地照顾好家庭,对家庭负责,把孩子教育好?所以,"达沃斯爸爸们"的诞生没有任何计划,就如此应运而生。

刘倩: 为什么大家不问男人们如何平衡工作和生活?

戴维: 在传统观念里,大家觉得男性是要去工作的,男性是领导者,有英雄情结,但其实很多男性在这方面也有纠结和挣扎。

这也许是因为,他们跟自己父亲的关系并不是非常好。拿我这一代的人来讲,我们的父亲那一代,他们很多人都是工作狂,没有时间顾及家庭。

就连我自己上班的时候,都觉得好像到了办公室就得带上盔甲,戴上另外一副面具。因为我是领导、是老板,我就得额外坚强或者强悍。我就得对事情有非常强的掌控力,我得比别人懂得更多,等等。

但是,当我们这一代成长起来,我们自己做了父亲以后,就不想再成为上一代那样的父亲角色,而是想做一个不一样的伴侣,对家庭和孩子投入更多时间。

这些事情,你是不会在职场上跟大家聊的。职场上大家期待的是,你是老板,你是更有能力的人,你不应该去谈这些东西。当你在职场上位置越高,越来越资深,就越高处不胜寒。

我想,在我们一开始的小团体里,有大公司的 CEO,或者某国家的王子,但他们可能这一辈子都没有认真地去跟别人聊过这样的话题,因为社会上有很多传统的刻板印象和压力。

所以,非常感谢 YGL 这个社区教给我另一套的领导风格,那就是脆弱和真实的力量。

刘倩:可否多举些例子,来说明"达沃斯爸爸们"都面临怎样的挑战和不确定性?

戴维:比如某个全球领先设计公司的 CEO,长期全球各国出差,感觉对孩子们很亏欠,但也没想到更好的办法,就只能买很多礼物。结果有一次回家时,孩子们都没有冲过去抱着他,直接就站在那问:"礼物呢?"

他当时就蒙了,原来出于内疚给孩子们买礼物的行为,非但没有让孩子们感受到父亲的心意，反而形成了要礼物的习惯。这完全不是他的初衷。后来，在小团体里聊完，他改变了思路，出差后会买一本当地的书籍，回家后给孩子们读，讲当地的故事。

同时，他在出差期间也会跟孩子们打电话，让他们感受到，我虽然人在路上，但我的心跟你们在一起。这样孩子们就不会觉得，父亲是一个总是突然彻底消失一段时间的人。

另一家全球大型矿业公司的 CEO，他每天晚上会拿出一个小时，跟家人远程视频吃饭。即使家人吃饭时他在工作，但视频里他是陪在家人身边的。他说，很多时候大家过于强调高质量陪伴这件事，但这个世界不是这样运转的，你必须学会放弃很多东西。

因为，孩子想跟你分享他们最困难或者最有挑战的想法时，往往并不是在你方便的时间，也不会等到一个约好的时间，比如特别等到每周二晚上八点的高质量亲子时间，再来向你敞开心扉。爸爸们不能选自己方便的时间，而是要在孩子需要时和他们聊天。

拿我自己来讲，我和孩子们之间很多次的高效沟通，就是孩子们突然问我"爸爸，为什么有人会欺负别人"，或者"什么叫性骚扰"时发生的。这些都是非常有深度，非常重要，需要去跟孩子们讨论的问题。

所以我想说的不是高质量（quality）的陪伴，而是需要陪伴的时间足够长（quantity），而且要在需要你的时候及时出现。

我们是需要花时间陪伴孩子的，即便我出差的时候，也尽可能每天花一个小时的时间，陪他们聊一些很自然、很休闲的话题。

我在他们的生活中扮演着很重要的角色，不停地出现在他们需要我的时候。这样，即便我不在他们身边，我其实还是在他们的世界里面，他们可以随时跟我提问题。你要让孩子们觉得他们是你生活的优先级，即便你在忙着处理很多工作上的事情，你在忙着拯救世界，你也要让孩子们感觉到，你会在他们身边。

另一个例子是某中东国家的王子。

他跟我们说，亲爱的朋友们，这次达沃斯之旅结束回到家以后，请蹲在地上，张开你的双臂去拥抱你的孩子们，拥抱得越紧越好。因为有一天，他们会变成青少年，会长大，会脱离你的生活，甚至会讨厌你。

他说："在我的孩子成长的过程当中，我没有花更多时间和她们在一起，我现在非常后悔。因为我没有花更多时间陪伴，我们就没有那么亲密。"中东地区的男性似乎一般不会去这么考虑家庭和情感的问题，他们似乎在感情上有更多距离。但我们的这个王子,因为感受到小团体之间的信任,可以表现出自己的脆弱,可以敞开心扉地去聊。

他说,我真的非常非常爱我的女儿,我真心希望和女儿的关系可以更好,我希望你们都不要犯像我一样的错误。当这样一个和我们平时的认知有巨大差异的对话出现的时候,对在场的男性来说,是一个非常大的冲击和启发。

刘倩: "达沃斯爸爸们"聚在一起会哭吗?

戴维: 好多次。比如有的在经历离婚,有的要处理孩子的重大疾病,还有一些即将为人父,听到大家分享生活智慧也会哭。正因为这些沟通,大家的关系才更加深厚。

男性如何更好地融入家庭

刘倩: 怎么做一个好爸爸,有什么好建议吗?

戴维: 我觉得第一点是要认识到,我们在家庭里的角色和我们在社会和公司里的角色,是同等重要的。当今社会,大家对成功的定义是,你在公司或职场上的角色是什么?你对社会的影响力有多少?而对于我们在家庭中的角色的强调是不够的。有一个 YGL 是一位全球知名的脑神经科学家,他说买了育儿书籍的爸爸们,就比不买的爸爸们做得更好。

有意思的是,即便爸爸们买了这些书后从来没读过,甚至从来没打开过,他们依然比没买书的爸爸们做得更好。

这是因为，他们会想到买这种书，就证明他们对育儿这件事有思想上的重视。这种成长性思维本身就会让这些人成为更好的父母，而不是这些书里的内容在起作用。所以，意识到这件事情有多么重要，诚实地对待自己，跟伴侣一起去真诚探讨这些事情，就是第一步。

接下来，就是要有很多的付出。

"Love is hard work"，爱是需要花时间去经营的，需要你认真地去听他们的想法和他们的故事。

比如在我们群里，有人说，每年都会和孩子们来一个年度考核，问孩子觉得我去年做爸爸做得怎么样，哪方面做得好，哪方面不够好，怎样可以变得更好。这是一种非常标准的职场考核系统。然后团体里的爸爸们发现，他们得到了孩子们非常尖锐的批评和反馈。

虽然这种方法可能有些生搬硬套，但在概念上，其实很多职场上的方法都可以搬到家里，比如职场上的这种自律性的东西。如果能问我管理的团队我做得怎么样，为什么不能在家里问孩子们我做得怎么样？

我和孩子们之间就经常有这种对话，我儿子也很愿意给我反馈。他并不会觉得我爸是最完美的、坚不可摧的人，而是知道爸爸也有脆弱的时候，爸爸也有要学的东西。我们全家人可以一起去聊，这次谁没做好，下次如何更好。

有时候我会想，如果说你拯救了世界，但是家庭不幸，这是一件好事吗？主观上讲，我并不认为（这是好事）。

的确，人类历史上有非常多这样的领袖，牺牲了自己的家庭，成就了很多，但有时你会想问，这两个一定是矛盾的吗？

有的人做得很好，他改变了自己，改变了家庭，改变了他的孩子们。其实，通过这些孩子，也可以把世界改变得更好，并不一定非要他自己出去做很多事情。

每个个体，你不仅仅是你自己，也是整个社会的一部分。我们每个人在社会上都有很多的角色，如果我们只强调其中一类的话，这种全球的领导力就会有很多的缺憾。

特别是在很多西方国家里，对于个人主义的强调已经超越了一切，完全不考虑社区是什么样，只要你照顾好你自己就好了。我觉得这是一个错误。我们都有这种公民的职责，都应该心怀世界。

所以，我对男性的建议是，一要先意识到这个问题。然后，你必须花时间和精力去经营家庭。在特定情况下，打开自己的心扉，去跟大家探讨这些事情，其实是非常有用的。当你需要帮助的时候，应该去问、去寻求这些帮助。

刘倩： 对女性，你有什么建议吗？怎么让女性更好地去和男性一起，让男性融入家庭里？

戴维：我接下来要说的可能听上去很傻很单纯，但是，真的，诚实和直接的沟通就是最好的办法。

当然，这里也会有一些文化上的不同。在 YGL 的爸爸群里，我们有很多关于家庭分工、工作和家庭的平衡的聊天和沟通。对此问题，大家可能有不一样的观念和方法，但是相同的是，讨论这个话题的两口子都很有意识地讨论它，以此来找解决自家问题的方法。

我也知道，我现在讨论的群体是一个非常特别的群体。首先是在达沃斯的背景下，其次聚在一起的我们，也都是特别想做好爸爸、好丈夫的一群人。我不确定我们达沃斯爸爸组群里面讨论的东西，是否对所有家庭都有借鉴意义。

但是，非常重要的一个前提就是，大家在处理家庭事情时，两个人是非常平等的。有一个澳大利亚的父亲，甚至专门去做了一个家庭商业计划书，从策略到定位，到家庭理财计划、中长期发展目标，等等。这听上去有些好笑，但其中是有大家的思考和讨论的。

另外，开诚布公的沟通很重要。不要带着批判的方式聊天，指责说你看看你从来不回家，你从来不在我和孩子身上花任何时间，等等。

我们把孩子带到世上，就是希望他们有一个更好的成长环境，他们会变得更好。

我和太太还会时不时地进行两人约会，只有我们俩。因为除了父母的角色，我们也是对方的爱人，对方的伴侣，这也是我们很重要的一个角色。我们需要让这个角色非常鲜活、生动地持续下去。在我们 21 年的婚姻里，彼此都付出了很多。我们始终保持谦逊的态度，意识到问题的重要性，然后花很多时间和精力去经营它。

意识、设立边界及周末爸爸

刘倩：你有这样的意识，而且花很多时间精力为家庭付出，你觉得会被大家评判吗？大家会用奇怪的眼光看你吗？

戴维：不会。首先在我成长的家庭里，男性做家务活，对家庭付出更多，是一件很正常的事情。

很多年前我就跟公司员工说，我要每天 6 点准时下班。6 点到 9 点，是我家庭晚餐和送孩子上床的时间，这段时间里，谁也找不到我，9 点以后我会回归工作。

最早不是所有人都接受这件事。大家觉得你年轻，又刚给你升职，然后你还 6 点就走，的确有人会觉得这有问题。也许短时期内，这件事情对我的工作是有一定影响的。我不知道，我也不在乎，因为我知道什么是重要的。

当时，我有一个非常好的职场导师跟我说，你需要成为和你价值观高度一致的公司的领导。如果你现在所在的公司并不看重这种价值观，那么你就需要换地方。问题不是出在你身上，而是出在公司上。

回头想想，我在世界经济论坛里做了 17 年。从我真心接受了那个导师的说法，到我的领导风格、职业发展、价值观和公司保持高度一致，现在想想，好像真的从那时开始，一切似乎都变得更容易了。

因为我所做的工作，都是发自内心去做的，非常真实。我真正去拥抱的，是和我所认同的有高度一致性的东西。

我不是装出来的一个人，我也会脆弱，而这种真实，让一切突然都变得非常简单，然后，接下来该升职也升职了，一切变得更顺利了。

刘倩：还有什么其他印象特别深刻的回忆？

戴维：最早我们是想帮大家找到一些可操作的解决方案。开玩笑地说，就是来个操作手册，这可能也是比较"直男"的解决方式。

但慢慢地，我们发现很多具体问题的底蕴是一些价值观的东西。比如教孩子理财的读物，就有不同的流派：是和孩子分享家庭收入，还是让孩子们有创新意识，主动跟父母提赚零用钱，等等。

另外，这些沟通能让自己打开自己，很有意义。因为很多时候大家都不聊这些生活困境，男性自己甚至可能都没有意识到，没有很好地去尊重这个问题。

就好像你不知道你病了，尽管你也会不舒服，感觉有困难，但要一直到某天，医生告诉你你病了，做出诊断，你才知道出了问题。

这是一种没有被命名的、不愉悦和不舒服的状态，是一种很不透明、不确定的不满足感。

刘倩：你是什么时候意识到，这个对你很重要的？

戴维：当时我去参加同学聚会，有一个同学一两年没见，他说最近太焦虑了，不知道怎样才能做好一个周末爸爸。我第一反应就是，天啊！他居然离婚了，该怎么安慰他呢！

对方说，不不不，我没离婚，是我平时太忙了，只有周末的时候才能看到孩子。到了周末，我也特别累，很想补觉，可是孩子也好久没见我，我也想陪他们。所以只能是周末爸爸。

然后那个瞬间我才意识到——我的天啊，我也是个周末爸爸！

我只是从来没意识到，不知道还有这么个名字。对我来说，真的是一个醍醐灌顶的时刻，让我彻底意识到其中的问题。所以，那时候我就知道，意识到问题存在是所有改变的第一步。

话题回到YGL爸爸们上来。我们有着繁忙的日程，我们总在路上，有很多人和很多事需要我们去关注。平衡事业和家庭很难、很累，也经常得不到重视和感谢。虽然我们中的很多人接受过正式的职场领导力技能培训，在工作上更成功，但我们作为父亲的培训，都是在做父亲的过程中慢慢学的。同时我们也意识到，人生中最大的挑战和最大的快乐，以及最深层次的满足和幸福的时刻，都来自父亲的角色。我们希望，成立的这个平台和发布的内容，可以帮助到更多人学习做好父亲——这个最重要的领导力角色。

贸易也分性别？中国加入WTO 20周年之际新展望

导语 国际贸易中的性别不平等。例如：同样是丝绸衬衫，女性衬衫关税比男性高6倍？

本篇是和塔蒂亚娜·普拉泽雷斯（Tatiana Prazeres）的对话。她是原WTO总干事高级顾问，巴西前对外贸易部长。在2020年底，中国加入WTO 20年之际，我们从性别的角度聊了聊国际贸易。

贸易对男女的影响有什么不同？

刘倩：人们一般觉得，国际贸易就是贸易，钱就是钱，就是数字。贸易怎么会有性别视角，怎么对男女的影响不一样呢？

塔蒂亚娜：举个简单例子，女性穿的丝绸衬衫，进口税率平均要比男性穿的丝绸衬衫高6倍。运动系列的衣服，女性的进口税率是男性的3倍以上。①

我们也可以从各国的贸易政策来看。以纺织业和服装业

---

① 这些数据出现在瑞典2017年的Feminist Trade Policy报告里。

为例，国家要想更多女性参与密集度更高的行业，那在国际贸易谈判的时候，就可以考虑到相关税率的制定，以及是否可以缓慢开放，用更多时间换取让行业里受影响的女性去更好地适应、调整和准备。

这就可以证明，国际贸易不是完全性别中立的。

贸易对女性的影响，可以从 3 个角度来看，即女性作为创业家、生产者和消费者，分别对她们的影响和男性的不同。

女性创业家和生产者：全球数字贸易越来越重要的今天，有相当多的女性是中小型数字科技企业创办人（小红书、Know Yourself、淘宝店主等）。

在经济产出里，女性分布在哪里，以什么样的角色存在，政府如何更好地赋能她们并提高经济增长，这些都是最新的贸易政策考量。

当互联网给更多中小企业赋能并协助贸易，那么哪些产业有更多女性创业者，政府就可以在这方面提供相应的培训机会，协助女性（她们的创业公司）提供更多数字贸易的出口产品和服务。

所以当贸易有了性别视角，政府就可以更灵活地制定促进贸易、支持女性的相关政策。

通常女性更多是照顾家庭的角色。如果政府降低了某种家庭里常见的生活必需品的关税，就很好地帮助了家庭，特别是家庭中的女性。例如，毛巾和卫生巾支出更少，就有更多的钱用于女性自我成长或者孩子教育。

刘倩：说到消费品，为什么女性的真丝衬衫的税率是男性的6倍？

塔蒂亚娜：很遗憾，这就是我们现实存在的现象。其实不仅在贸易里，国内市场也有类似现象，即同样的商品或者服务，面向男性和女性的价格却是不一样的。同样的玩具，面向女孩的就会更贵。有个词叫Pink Tax，也就是粉红税[①]，它其实就是一种价格的性别歧视。比如，同样是剪头发，男性和女性的价格是不一样的。

刘倩：因为通常女生的头发更长？

塔蒂亚娜：仅仅是因为长短，就可以价格差这么多吗？如果一个女生是短发的话，会按照男生的价格收费吗？

刘倩：塔蒂亚娜问到我了。我从来没考虑过这个问题。出于为了讨论而讨论，有没有可能是因为，男生并不在乎剪发，随便一推、一剪就搞定了，女生却更多想要层次感之类的，所以收费更多？

塔蒂亚娜：是这样吗？这其实是一个很重要的问题。我们要先问这个问题，意识到问题的存在，反省它。这个意

---

① 据美国有关报道，粉红税导致女性一生比男性平均多支出8万美元（折合50万元人民币）。

识本身就是很重要的一步。比如你这么关注性别平等，也从来没考虑过这个问题，对吗？再比如，美国的研究发现，撞车事件里，女性受到严重伤害的可能性比男性高47%（见图5.6）。因为汽车公司在设计汽车的安全系数和安全装置的时候，是用男性标准身材作为模板设计的。所以，真的发生撞车事故时，男性更容易受到保护，女性则更容易受伤。这个例子很好地说明，太多情况下我们都缺失了性别的视角，没有意识到性别不同的存在。

刘倩：国际贸易政策里更多地考虑女性，算不算歧视男性？如果我们把性别视角加进去，那是不是也应该加很多其他的视角，比如民族、教育背景等？

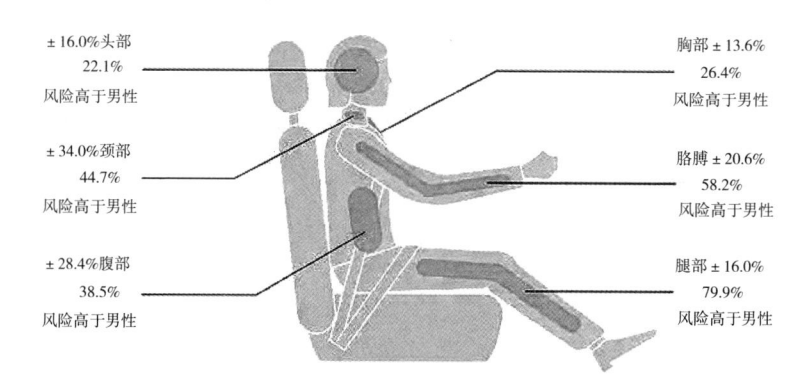

±16.0% 头部
22.1%
风险高于男性

±34.0% 颈部
44.7%
风险高于男性

±28.4% 腹部
38.5%
风险高于男性

胸部 ±13.6%
26.4%
风险高于男性

胳膊 ±20.6%
58.2%
风险高于男性

腿部 ±16.0%
79.9%
风险高于男性

图5.6　在碰撞发生时，女性身体的不同部位相较于男性所承受的更高伤害指数百分比

资料来源：美国国家公路交通安全管理局。

塔蒂亚娜：这是一个重要的选择问题。越来越多的国家意识到，女性是在贸易中被落后的群体。所以瑞典、加拿大、智利等国家在这方面的推动力度相当大。当然我们有很多视角，只是要考虑我们更看重、更想选择的优先级是什么。在我看来，仅仅是在贸易政策讨论中提到性别视角，就非常重要和有意义。

刘倩：我很不希望让大家觉得，性别是个零和游戏。饼就这么大，当我们考虑了更多女性，似乎就忘掉了很多男性，他们的福利会受伤害。

塔蒂亚娜：很多国家都已经意识到，在现有的国际贸易中，男性和女性并不是平等的，现行的国际贸易政策缺失性别视角。注意，不是性别中立，而是性别缺失。

近年来，像联合国贸易和发展会议、经济合作与发展组织等都做了大量这方面的工作。瑞典率先推出了女性主义的外交政策。加拿大也有专项的女性主义国际援助政策。

国际贸易对男性和女性的影响有什么不同，风险和机遇分别是什么？可以通过创造怎样的机会，制定怎样的政策，来帮助女性在贸易里得到更多福利和保护？国家政府在拨备财政预算时，如何进行相应的调整？

所以，我们现在不是要额外让女性比男性更好，而是要想办法纠正现在不平等的问题，给那些一直被忽略的、被忘却的女性应有的额外关注，给她们赋权。这肯定不是坏事。我们在制定贸易政策时，肯定有性别的视角。即便你没有意识到，它也是存在的。问题是，之前我们从来没有考虑过它。

比如，如果一个国家的汽车行业特别好，当贸易政策特别想让这个行业在国际上更有利的话，那么即便你没有意识到，事实上政策的推动更多是让男性受益的。所以，不是说以前的贸易政策不存在性别问题。性别问题一直存在，只是我们从来没有考虑并意识到，性别视角一直是缺失的。

我不是建议只考虑对女性更好的国际贸易。我是说，当我们在考虑选择什么样的合作国家和伙伴，考虑怎么制定和提高优先级，选择哪方面行业促进的时候，性别视角应该是我们考虑的一个重要因素。比如刚才提到的数字贸易或者电子商务，这些都有极大的发展潜力，对女性也非常有意义。因为有相当多的女性在电子商务的中小企业里起到重要作用，那我们在制定相关国际贸易协定时，就可以去考虑性别，从而更好地纠正现实中性别的失衡。

贸易和性别的进展：2017年到2021年，WTO在性别上的新突破

刘倩：现在国际贸易中性别的讨论进展到什么地步了？

塔蒂亚娜： 一直到 2017 年，我们才有了一个非常重要的贸易和性别的国际里程碑。

2017 年，在 WTO 的历史上，世贸组织成员方和观察员第一次支持了一项旨在增加女性参与贸易的集体倡议。

为了帮助女性在世界经济中充分发挥潜力，118 个世贸组织成员方和观察员统一支持《关于贸易和赋予妇女经济权力的布宜诺斯艾利斯宣言》，该宣言旨在消除障碍并促进女性经济的赋权。

其实，一开始有不少国家认为，不过是贸易而已，没什么性别上的不同。

我记得 2017 年很多国家也在谈区域或两国之间的贸易协定。我在日内瓦（WTO 总部）的时候参加过其中一个会议，听到某国贸易部长说，我们到底要干什么？现在我们聊女性，接下来是不是就要聊贸易对同性恋的影响了？他们谈论性别概念时特别紧张，觉得人就是人，为什么要分男性女性来讨论？但当宣言开始准备时，谁都不想成为落后的国家。

自此以后，WTO 里的成员方对贸易和性别议题也有了更多讨论。

比如，2020 年成立了名为"性别之友"的贸易和性别非正式工作组。工作组由 19 个 WTO 成员方、4 个国际组织和WTO秘书处组成，该小组准备在一个部长级会议上发布一份包含相关问题的建议的文件。

2021年12月，WTO历史上首次在谈判文本中加入了性别非歧视条款，旨在促进女性参与服务贸易。

WTO总干事恩戈齐·奥孔乔-伊韦阿拉（Ngozi Okonjo-Iweala）特别赞扬了各国代表"支持女性经济赋权而做出的新方式的探讨"。这是历史上的第一次。

这次谈判专注的是服务贸易中的国内监管，包括发放服务贸易的执照，以及相关业务运营的授权方面，对男性和女性要一视同仁。

之前很多成员方针对这一条进行了大量讨论。会议纪要里探讨的内容真的让人非常吃惊，哪怕是一些非常基本和良性的建议，都受到不少抵制。

刘倩：为什么要反对、抵制这个呢？或者说，为什么不加上呢？这不是最起码的东西吗？

（我和塔蒂亚娜都笑了。我们觉得加上这个条款是最基本的考量，为什么不加。但是她告诉我，当时的确有不少的声音觉得为什么要加上？）

无论如何，这次服务贸易条款的谈判成功了，而且这是WTO首次通过一项明确包含性别角度的法律承诺，第一次特别明确地说明，要对男性和女性一视同仁，不区别对待，不存在歧视。这在全球贸易和性别的角度里是一个新的重要里程碑。该决议有 67 个 WTO 成员方，包括中国、美国、欧盟，参与者占全球服务贸易的 90%。

举这个例子是想说明，性别议题现在越来越受到大家的重视。包括比如在 WTO 仲裁庭上，女性仲裁的数量非常少。当 WTO 成员方间有不同意见时，首先要去仲裁，但仲裁小组中女性的数量只占 20%。

中国秘书处在这方面做得相当不错。在仲裁小组之上有个更高层的上诉机构，由 7 个人组成。中国加入 WTO 以后，前后有两人进到上诉机构里，而且这两位都是女性。现在，仲裁小组中的性别比例也有了改善，有规定说，仲裁委员会里，女性的数量最少要达到 1/3。这虽然不是一个正式的严格规定，也算是建议性的。

WTO 这个多边机构还重要吗？

刘倩： WTO 会一直继续吗？

塔蒂亚娜： 现在国际上对中国加入 WTO 存在不同观点。有一派声音认为，WTO 是让中国成为现在的中国的帮手，如果没有 WTO，中国就不会发展到今天这么强大。很多让 WTO 改革的讨论，不管出自美国、日本还是欧洲，都是通过 WTO 让中国改革来限制中国。

2018 年，中国常驻 WTO 的大使张向晨谈到，不要试图将对 WTO 的改革视为可以给中国施加紧箍咒的机会，否则你们会很失望的，我们知道你们现在在想什么。同时，中国也看到了保持 WTO 多边主义的重要性，让它的合法性持续下去。

中国认为，这些年的改革开放，到加入 WTO 后的经济快速发展，是中国人民用勤奋和努力换来的。但同时，国际上很多声音说，当时的贸易协定，大家同意的并不是基于一个像中国这么大的盘面和经济模型的国家，所以当时的谈判其实不适用于中国。那中国就会觉得，这是其他国家在想各种可能来遏制中国的发展。

中国在加入 WTO 前只占全球贸易的 4%，到现在已有 15%，这个数字的发展是非常快的。虽然你不能说中国强大和加入 WTO 这两者是因果关系，但是一定有很强的相关性。

刘倩：《经济学人》曾做了一张图，比较 1990—2019 年里不同国家关税的改变。

中国平均关税率降低了约 30%，印度降低了约 50%，全球平均降低了 5%，但同时美国的关税反而上升了 20%。2019 年的数字显示，美国平均的税率是 13.8%，而中国只有 2.55%。

从这个角度看，WTO 让中国放弃了很多，降低了相当多的关税，而美国则是不降反加，现在的关税是中国的好几倍，怎么说公平和不公平呢？

塔蒂亚娜：美国一来要保护供应链，二来是之前特朗普政府的"贸易战"，所以这个数字是提高的。彼得森国际经济研究所做了一个很有意思的研究，说中国在这一点上做得非常明智——对所有其他的国家都降低了关税税率，在"贸易战"时提高了对美国的关税税率。

特别是后疫情时代，通胀是大家非常关心的事情。于是美国就有一派声音说，你把税率重新降下去吧，这太不明智了，价格越来越高。

所以接下来，特别是中美之间，在 WTO 里，它们一定得想办法找到某些双方可以同意和合作的趋同点。

特朗普当年明确提出，WTO 多年来对美国非常不公平，没有 WTO，中国就不是现在的样子。

要知道，之前美国相当于 WTO 的主心骨，很多相关的条约和规定里都可以看到和美国国内立法的相近之处，比如在反倾销法方面就非常明显。

所以，当中国和美国在反倾销方面的谈判定好了，就清除了中国成为 WTO 成员道路上的一个重要障碍。

美国就觉得，他们是做主的人。20 年后回过头来看，有人说:"你看,当年让中国加入 WTO 是多么灾难性的决定,于是就开始怪罪 WTO。"

所以中国看重的是 WTO 的规定,而现在其他人质疑的是规定的合理性和合法性。

但遗憾的是,贸易现在已经不仅仅是贸易,更多被政治化了。国际贸易的体系似乎在垮台的边缘。过去三年里,最让人吃惊的就是,国家安全问题已经成了贸易里非常重要的讨论议题,越来越难把国家安全从贸易问题里分割出来。

比如,出口是贸易行为,但因为国家安全问题,有些产品、行业和服务,就不能放到出口清单里,否则有可能让贸易对手被放到更有利的位置上,所以会在相关投资决定里多加一层评审和考量。再比如,美国可能不希望一个中国企业收购有美国当地数据的初创公司。一切都跟国家安全有越来越大的相关性。

刘倩: 您对想进入贸易领域的女性有什么建议吗?怎样才能有更好的性别视角来做好这方面?

塔蒂亚娜: 第一步就是先意识到性别问题。这说起来很简单,其实很难。就像刚才我们聊到的,同样是剪头发,为什么女性剪头发的价格要比男性的贵这么多?当我们意识到这个问题,就是一个很重要的开始。另外,贸易相关的政策制定已经不仅仅聚焦在贸易本身,还会讨论其他东西,比如刚才说的国家安全。此外气候变暖也是一个重要视角。我希望，如果大家想进入贸易领域，会先想到贸易的议题和它的覆盖面愈加广泛，包括重要的性别视角。从这个角度出发，就是一个非常好的开端。

刘倩：很难想象，WTO成立这么多年，才首次加入禁止性别歧视的条款。漫漫历史长河中，我们终将会前进，即便有短期的停滞和后退。希望更多人能关注贸易和性别的重要性，祝福以后会更好。

听联合国驻华最高代表谈性别平等

导语 联合国高管视野里的性别不平等。

常启德（Siddharth Chatterjee）是联合国驻华协调员。驻地协调员是联合国系统最高级别的驻地代表。

本篇我邀请启德（大家也称他为常大使）从国际的视角，跟大家分享性别平等话题。

常大使一直非常看重性别平等和女性赋权。近30年里，他曾担任联合国驻肯尼亚协调员、联合国开发署和人口基金驻肯尼亚代表、联合国项目事务署中东和欧洲区域代表，以及联合国伊拉克援助团办公室主任。他还曾在印度尼西亚、索马里、南苏丹和苏丹办事处担任领导职务，并参与了联合国波斯尼亚和黑塞哥维那（波黑）特派团的工作。现在，他来到了中国。

刘倩：您什么时候开始对性别平等这个话题感兴趣的？

常启德：这跟我自己的家庭生活有关。我姥姥11岁就结婚了，生了10个孩子，其中9个活了下来。我小时候对姥姥的印象是她总是很瘦弱、弱小。

与此同时，我父母之间的关系非常平等，所以我在家里看到两种完全不一样的女性处境。我出生在印度。当时的印度，女性身处非常父权的体制下，属于更弱势的一方。大家觉得世界就是这样子的，不仅是印度，其他很多国家也是这样。

还有很多其他情况，比如小孩子们，特别是男孩们，从小被爸爸打到大，大家觉得这很正常。有很多这样大家觉得习以为常的事，社会从小就给孩子们这么洗脑。

就连很多女性都觉得，自己被丈夫打，这没有什么问题。但我父母所受的教育以及他们从事的工作，让他们之间建立了非常平等的关系。我很小的时候，父母就把这种性别平等的价值观赋予了我，所以，我想挑战这种不公平的现状。

在联合国的日子里，我一直非常强调性别平等，这是我主推的价值观里很重要的一部分。

作为一个男性，我也特别强调"he for she"（他为她）[①]，让男性一起加入推动性别平等的行动中来。其中包括从各方面给女性提供服务，不管是从教育上，还是医疗上，都非常

---

① "he for she"是指男性支持女性权利和平等的行动计划。它旨在鼓励男性加入推动性别平等和女性权利的运动中。这一计划于2014年由联合国妇女署启动。

重要。

有时候，我也会指出哪些国家可以做得更好，还有进步的空间。比如2019年3月8日妇女节前夕，我在路透社发表文章，强调当时美国特朗普政府在对于女性，特别是性与生殖健康服务方面的政策退步。这不能算是一种批评，而是我们要陈述事实，要看到事情的真实现状。

刘倩：为什么大家应该关心性别平等？为什么男性应该关心？企业应该关心？社会和政府应该关心？

常启德：有这么一种说法，当你教育一个女孩子时，你教育的是一整个家庭，你教育的是一整个社区，你教育的是一整个国家。

所以，投资女性教育，它的回报其实对男性、对整个家庭、对整个社会都是有益的。它的回报更广泛。在双职工家庭里，当女性教育水平和收入都提高，男性也有更多的可支配收入，同时，他们的孩子也会受到更好的全方位的影响。

比如二战时期，欧洲男性都去打仗了，女性在家里、社会上承担起以前男性要做的事。男性打完仗回来后，发现社会中的一切都正常运转。接下来，男性和女性一起共享这个社会，同时为社会做贡献。

所以，并不是大家特意创造出"性别平等"这个概念，而是历史发展到那里，我们就看到了性别平等的出现。

刘倩：如果我们希望更深入推动性别平等，难道只能通过类似二战这种剧烈变革吗？全世界性别平等近几年是前进了还是后退了？

常启德：（全球性别平等）绝对是退步了。除了我之前指出的例如特朗普政府在政策上的不足，另外一个重要原因就是疫情背景下性别平等的退步。疫情进一步加剧了已有的性别不平等，并很有可能导致过去数十年来全球的共同努力都停滞或倒退。相关数据显示，这场疫情将使全球范围内近5 000万的妇女和女童重返贫困。在封控期间，全球各地针对女性的各种暴力事件增加，残障女性在获得必要服务方面也面临更多的障碍。

由于女性是非正式行业的从业主体，所以比起男性，她们受经济行业遭受重创的影响更大，失去生计的速度也随之加快。

数字技术方面的性别鸿沟也依然存在，特别是在欠发达国家和地区。另外，在应对疫情时，女性是冲在前线的，担任着医护人员和护工的角色。女性占据了全球这一领域70%的劳动力。所以，疫情背景下性别平等的步伐事实上是停滞，甚至是倒退的。

刘倩：那我们如何改变现状呢？

常启德：有三个P。第一个P是政治意愿（political will），就是一个国家真心认为性别平等很重要。女性能顶半边天，我们不能忽略一半人口的需求和权益。所以，从政治意愿上意识到并认可这个问题，非常重要。

第二个P是公共政策（public policy）。中国成功地让将近8亿人脱贫，这依仗强大有效的公共政策，否则根本不可能发生。

第三个P是公私伙伴关系（public private partnership）。我们需要什么样的合作方？如何让政府、私有企业和各大机构共同合作？我们必须让更多女性进入社会，进入管理层的不同阶段和层次。世界上有很多成功的例子，比如卢旺达60%以上的议员都是女性，而阿联酋在让女性身处有影响力的职位、让女性进入科研等行业方面做得非常好。

中国劳动力大军里曾一度有64%都是女性。可以先有政治意愿，然后再想怎么通过公私伙伴关系的合作方式，让性别平等和女性赋权变成更直接的现实。

举一个公私伙伴关系的例子：

我在肯尼亚时，成功地做了一个绿色平台。由联合国牵头，最早有三家企业加入，分别是中国的华为、美国的默克、荷兰的飞利浦。接下来很快我们又有了另外三个合作方：英国的葛兰素史克、肯尼亚的狩猎通信基金会（Safaricom Foundation）、肯尼亚医疗健康联合会（Kenya Healthcare Federation）。仅仅两年半时间里,就有80家私有企业加入,合作平台的投资基金也从初始的1 500万美元到了1.5亿美元。

我们很强调的一点是,利用大数据、高科技和创新来解决这些问题。两年半里,孕产妇的死亡率降低了1/3。在其他任何国家要达到这个成绩,可能都需要10~15年的时间。所以,政府和社会资本合作的方式是绝对可行(且有效)的。

刘倩:您认为在性别平等方面,中国跟全球相比,哪方面做得非常好,哪方面还有进步的空间?

常启德:中国在女性创新方面做得非常好。女性有了更多的独立自主权,有越来越多的女性进入STEM[①]领域,无论是医疗、科技还是航天方面,都有越来越多的女性出现。

当然我们还有很多可以去做的,包括刚才我提到的绿色平台,就需要更多的女性力量。特别是中国有高人口基数,有如此大的经济体量,中国若是做起来,全球都会受益。

在政策方面,需要从基层做起,从小学做起,从每个县做起,需要系统性地让所有女孩们都有这些机会,环境给她们赋能,让她们更好地进到初中、高中,再到大学。

---

① STEM:科学(Science)、科技(Technology)、工程(Engineering)、数学(Mathmatics)。

相关激励机制也很重要。比如可以从竞争角度，看全国哪个省或县里有更多女生是 STEM 学校和专业毕业的，各个省市间进行对比。

全球排名前 50 的女性亿万富翁里，五分之一都来自中国。这表明，中国的教育和工作起到了巨大作用，让女性参与到社会的发展，调动起社会经济增长的更多潜力。放眼全球，你会发现经济发展非常成功的国家，男性和女性都在工作。经济不好的国家，男女在工作方面的差距非常大。所以，让女性发挥全部潜力，对整个社会的经济增长和社会发展都非常重要。

刘倩： 平权运动从配额的角度给女性更多名额（比如最低需要多少女性是董事会成员）。您怎么看这个设计？

常启德： 这种配额非常重要。我们发出一个明确信号，就是女性的权益和性别平等是在逐渐推动的过程中。以联合国为例，驻各国协调员已经是完全性别平等的。一半是女性，一半是男性。

刘倩： 很多人觉得，这种最低百分比的规定，会不会有些简单粗暴？甚至有人觉得，这样对男性不公平。

常启德： 我理解这个说法的出发点。但在性别依然如此不均衡的情况下，在我们距离性别平等还差那么远的时候，我们需要有这样的配额，来帮助更好地实现目标。在实现性别平等前,这个配额还是非常有必要的。

我们要从概念上让大家改变之前的惯性思维,即更多男性比女性位于高级职位。所以,我们必须要有很多行动去改变。

刘倩: 中国一个叫杨笠的脱口秀演员说了一些性别相关的段子,导致在网上有很多男性攻击她,说她挑弄性别对立。还说女权都是假的,很多女权团体受到了邪恶的国外基金的赞助,以此来破坏中国内部的和谐。反对的声音如此之强,以至于很多人都想,怎么现如今还有这么多人反对性别平等?

常启德: 我听说过此类事件。性别平等之所以是联合国可持续发展的目标之一,就是因为我们还没达到希望的平等。这种平等,不仅是嘴上说说,不仅是例如活动演讲的嘉宾最起码有一个女性,而是要全方位的性别平等。

而且不仅在中国,我们在全世界都需要做得更多。即便是北欧国家,很多方面已经做得非常不错,也依然没达到完全平等,还有很多进步的空间。

我想特别强调,性别平等不仅对经济有利,更对社会发展有利,道德上也非常重要。最关键的,它是我们人性的一部分。

我认为在杨笠这类事件里,部分网民的说法,并不真正代表大多数人的看法。我们看到有这种"沉默的大多数"现象,很多人可能什么都没说,但这并不代表他们认可,也不代表他们没有在自己家庭、社区和身边去推动这件事。所以,我们不能拿网络上的抨击作为衡量性别平等进步与否的指标。从我自己在全球许多国家工作生活过的经验来看,我可以告诉你,中国在性别平等方面做得相当好。我也希望看到中国政府在这方面继续推动,成为全球性别平等方面的领导者,展现出更多的全球领导力。

第六章
性别经济学展望

十对改变世界的经济学家夫妻

导语 通常大家想到经济学家,都是资深的男性经济学家。事实上,现在大约三分之一的经济学家都是女性,越来越多女性经济学家在学校教书、在顶级期刊发表文章。很多经济学家也是夫妻,但通常大家介绍女性经济学家都说是某某的太太。

本节分享十对经济学伉俪,每位都是顶尖经济学家。我会先介绍女性再介绍她的丈夫,大家可以看到,这些优秀女性经济学家的光芒绝不低于她们的另一半。

一、珍妮特·耶伦（Janet Yellen）和乔治·阿克洛夫（George Akerlof）

这一对无疑是在经济学学术圈及政策圈最有影响力的。

最早大家对阿克洛夫熟悉，是因为他和斯宾塞及斯蒂格利茨因为"对信息不对称市场的分析"于2001年获得诺贝尔经济学奖。他的研究经常借鉴其他学科，如心理学、人类学和社会学。诺贝尔奖特别提到他在1970年出版的《柠檬市场》中以二手车为例，描述了卖家比买家拥有更多产品质量信息的市场，即信息不对称。

阿克洛夫当年在诺奖自述中说："我在华盛顿的美联储工作了一年，在那里遇到了耶伦。我们立刻喜欢上了对方并决定结婚。我们在性格上不仅完美契合，而且在宏观经济方面也始终有着近乎完美的一致。唯一的不同是她比我更支持自由贸易。"[①]

耶伦，现任美国财政部长，曾任美联储主席，国际权势和影响力比阿克洛夫更大。她是美国历史上第一位执掌过白宫经济顾问委员会、美联储和财政部的人。他们二人都是美国加州大学伯克利分校的教授，都曾任美国经济学学会（American Economic Association，AEA）主席，多次合作，

[①] Akerlof诺贝尔发言：https://www.nobelprize.org/prizes/economic-sciences/2001/akerlof/biographical/。

在顶级期刊《美国经济期刊》(American Economic Review，AER）和《经济学季刊》(Quarterly Journal of Economics，QJE）等都发表过论文。

两人早期的合作主要在宏观经济理论：渐进理性和效率工资。说起来，这套理论还是耶伦在生孩子后聘请保姆的过程中迸发的灵感。其间，耶伦查了伯克利周边育儿嫂的市场价格，将自家保姆招聘价远高于市场价以上。看起来似乎不合理，但她认为，高工资会吸引更好、更快乐的保姆。高出的价格，即效率工作，这是效率工资理论的基础。

后期两人转向研究贫困和政策问题，包括德国统一后民主德国的经济战略、美国非婚生育率上升的原因等。

耶伦回忆与阿克洛夫的初识："我们参加了美联储的一个研讨会，之后大家出去吃饭。那天好多人，我俩就坐在一张特挤的桌子上……一拍即合。观点和个性非常契合。那是11月。到新年前夜，我们就订婚了。"

谈到丈夫对自己工作的支持，耶伦说："我的配偶非常致力于成为婚姻中完全且全面投入的伴侣，不仅是换尿布和洗碗筷，而是婚姻中的所有方面。如果算下我俩在家付出的时间，他肯定超过50%。"[①]

---

① Yellen 采访：https://time.com/275/nancy-gibbs-janet-yellen/。

耶伦的研究方向是劳动经济学和宏观经济学，也非常看重性别平等、赋能女性，在任AEA和美联储主席时专门请同事关注女性经济学家们的研究及不平等。

为什么要关注女性经济学家？还是让数据来解答：从图6.1中可以看到，经济学中的女性比例，在过去50多年有了长足进步。从20世纪60年代的0，到现在1/3的经济学本科生是女性，（仅）超过10%的经济学教授是女性。[1]

为推进女性经济学家的性别平等，她到世界很多地方都会安排女性经济学家饭局，和大家交流。2023年访华期间她也邀请了七位年轻女性经济学家参加午宴，我有幸被邀请参加。（顺便回应一下，网络上对此事的报道很多都是错误的，例如最基本的事实——不是晚宴，是午宴。根本没有鱼头，点了宫保鸡丁居然没上。）

落座后一开场她就说："我从加入工作至今，几乎是桌子上唯一的女性。相信你们几位也有类似的经验。"饭局上，大家从生育率聊到房地产市场，从贸易战的经济不理性聊到硅谷银行监管的失败，是一场思想的交流，多元而丰富。

---

[1] 美联储研究：https://www.federalreserve.gov/econres/notes/feds-notes/changes-in-womens-representation-in-economics-new-data-from-the-aea-papers-and-proceedings-20210806.html。

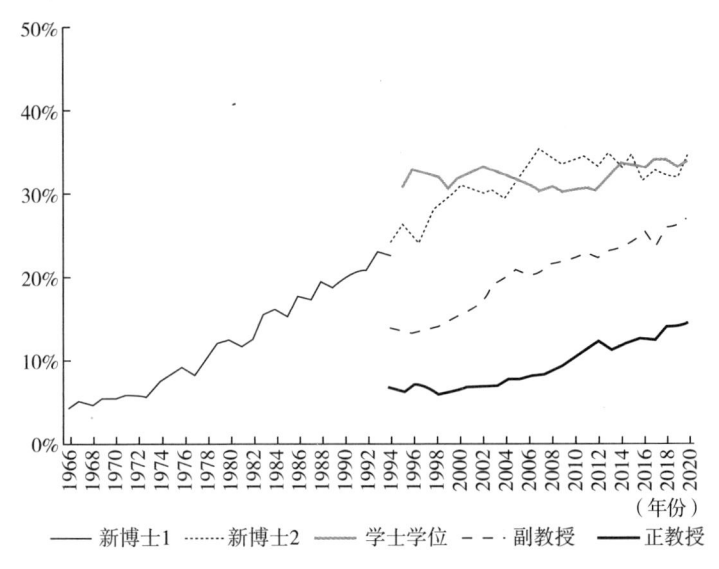

——新博士1 ……新博士2 ——学士学位 - - - 副教授 ——正教授

图6.1 女性在经济学学位中的份额和经济学系中的占比情况
（1966—2020年）

饭局中我问她，做了这么多年学术研究，现在转场政策制定，是否觉得经济学研究中存在错误的假设或认知？

耶伦无论在任美联储主席[①]或财政部长[②]时期，都谈过经济分配研究的重要性。很多研究和政策的结论，虽然对整个世界、国家、群体是整体有益的，但经济福利的（再）分

---

① Yellen美联储发言：https://www.federalreserve.gov/newsevents/speech/yellen20161014a.htm。
② Yellen任财长期间在美国全国经济商业协会的发言：https://home.treasury.gov/news/press-releases/jy1376。

配对每个个体的结果不同,这更加值得我们关注。

这点对宏观经济尤为重要。例如国际贸易对双方经济都非常有利,可以发挥自身比较优势、提高分工效率。但每个国家内部有不同组群的利益,例如A组获得收益、B组亏损。贸易中A组收益比B组亏损更多,那么这个国家整体福利提高了。但A组不和B组分享收益,福利分配过程如果不够公平,那么B组不会认可国际贸易,会抵制。

效率和公平的探讨,一直是经济学里的重要关切。在我国面临严峻劳动力市场和攀升的失业率背景下,希望更多经济学有识之士可以加入耶伦和阿克洛夫关注的劳动经济学。

二、埃斯特·迪弗洛(Esther Duflo)和阿比吉特·班纳吉(Abhijit Banerjee)

迪弗洛和班纳吉都是MIT的经济学教授,从论文合作者开始,走到了夫妻。两人于2019年共享诺贝尔经济学奖(和迈克尔·克雷默一起),"表彰他们为减轻全球贫困而采取的实验性方法"。

诺奖评审委员会说:"他们的研究极大地提高了我们对抗全球贫困的能力。在短短20年里,他们基于实验的新方法改变了发展经济学。现在这是一个蓬勃发展的研究领域。"他们及追随他们脚步的研究人员的成果极大提高了全球通过实践消除贫困的能力。其中一项研究的直接结果让超过 500 万印度儿童从学校有效的补习计划中受益。另一个例子是许多国家对预防性医疗保健实行的巨额补贴。

夫妻俩合作的《贫穷的本质》一书已由中信出版集团出版发行,对非经济学专业人士也非常通俗易懂。这本书关注贫穷的一些令人吃惊的现象,例如为什么穷人借钱来储蓄,创业却不守业,吃不饱饭却要买电视,等等。两人深入五大洲多个国家的穷人世界,调查贫困人群最集中的 18 个国家和地区。

他们认为全球多年来大量反贫困政策之所以失败,是因为对贫困的认识不足。"经济学家们太容易陷入自己的模型和研究方法里,有时会忘了科学和研究的初衷和目的。"[1]

迪弗洛是第二位女性,也是最年轻的诺贝尔经济学奖获得者。她在获奖感言中谈道:"我们在这个行业中开始意识到,私下和公开场合的相处方式并不总有利于为女性创造良好的环境。这说明女性是可以成功并且被认可的。我希望这将激励更多的女性继续工作,并激励其他男性给予她们应得

---

[1] Duflo 发言:https://www.theguardian.com/business/live/2019/oct/14/nobel-prize-in-economic-sciences-2019-sveriges-riksbank-live-updates。

的尊重，像每个平等的个体一样。"①

迪弗洛和班纳吉是经济学界夫妻双方都获得诺贝尔奖的唯一一对伉俪。

三、克劳迪娅·戈尔丁和劳伦斯·卡茨

戈尔丁和卡茨都是哈佛大学经济学教授，专注于劳动经济学的研究。

戈尔丁更有名，研究劳动经济学和经济史。她是哈佛大学经济系第一位女性终身教授，十年前就是美国经济学学会主席。她是2023年诺贝尔经济学奖的唯一得主，是首位因为对"女性"经济学研究获奖的经济学家。

戈尔丁有一系列性别经济学方面的重要大作，前面曾经介绍过。例如揭露美国交响乐团在员工雇佣中的性别歧视：乐团招聘把候选人面试改成了盲选。

两种评审结果对比发现，女性进入决赛的成功率提高了28个百分点，最终录取率提高了60%的可能性。

这就是一个完美的经济学实证研究，唯一的改变就是改成盲选，女性参与盲选和传统面试被录取的概率相差60%，这就是妥妥的性别歧视。

---

① Duflo 诺奖感言部分：https://womensagenda.com.au/uncategorised/youngest-person-and-second-woman-ever-wins-nobel-prize-for-economics/。

还有一篇研究口服避孕药对女性职业和婚姻决策的影响，是戈尔丁和卡茨的合作之一。

感兴趣的朋友可以读中信出版集团出版的戈尔丁教授的《事业还是家庭？女性追求平等的百年旅程》（见图6.2）。过去百年间，女性大学毕业生比以往任何时候都多，更多女性想同时拥有事业和家庭，但拥有大学学位的女性依然必须要在事业

图6.2　戈尔丁的著作

和家庭之间做出选择。本书追溯了20世纪性别平等发生巨大变化时，几代女性如何应对事业和家庭的平衡问题，揭示了为什么双职工夫妇的真正平等仍然令人沮丧地遥不可及。

国家统计局2023年4月发布的《中国妇女发展纲要（2021—2030年）》统计监测报告[①]表明，随着我国高等教育进入普及化阶段，女性接受高等教育的机会不断增加。2021年，高等学校在校生中女性比例超过50%，其中女性研究生占全部研究生的51.5%。虽然性别平等是我们的基本国策之一，但具体执行过程中还有很多需要提高的方面。

卡茨曾任克林顿时期劳工部首席经济学家。两人十分恩爱。

2022年我在哈佛访问学习期间和克劳迪娅约在校园，她一边探讨疫情防控期间的性别平等和经济发展，一边兴奋地跟我分享最近看的建筑和历史方面的新书，路过哈佛周边建筑还跟我讲各种故事，从这个教堂到那个私家大宅。最后我们遛弯回去找拉里（卡茨），还有她俩的爱犬皮卡（Pika），一只特别能疗愈人的治疗犬。初春乍寒的波士顿阳光里，我依然记得她俩的恩爱画面，和狗狗在一起的笑容，温暖和煦。

---

① https://www.gov.cn/lianbo/2023-04/20/content_5752343.htm?eqid=9cd0b5b400120062000000664560793。

过去11年的美国经济学学会主席[1]，除了戈尔丁、耶伦以及下文会提到的罗默（Romer）和柯里四位女性，其余7位男性主席已经有6位获得诺奖，包括2022年的伯南克（对银行和金融危机的研究），2021年的戴维·卡德（对劳动经济学的实证研究贡献），2018年的威廉·诺德豪斯（把气候变化加入长期宏观经济研究），2017年的理查德·塞勒（对行为经济学的贡献），2013年的罗伯特·希勒（对资产价格的实证研究），2012年的阿尔文·罗斯（稳定分配理论和市场设计实践）。

---

[1] AEA主席（https://www.aeaweb.org/about-aea/leadership/officers/past-officers/presidents）部分节选：

George A. Akerlof，University of California-Berkeley，2006.
Thomas J. Sargent，New York University，2007.
Avinash K. Dixit，Princeton University，2008.
Angus Deaton，Princeton University，2009.
Robert E. Hall，Stanford University，2010.
Orley Ashenfelter，Princeton University，2011.
Christopher A. Sims，Princeton University，2012.
Claudia Goldin，Harvard University，2013.
William D. Nordhaus，Yale University，2014.
Richard Thaler，University of Chicago，2015.
Robert Shiller，Yale University，2016.
Alvin E. Roth，Stanford University，2017.
Olivier Blanchard，Peterson Institute，2018.
Ben Bernanke，Brookings Institution，2019.
Janet L. Yellen，Brookings Institution，2020.
David Card，University of California-Berkeley，2021.
Christina Romer，University of California-Berkeley，2022.

这也是我在2023年夏天预测当年诺贝尔经济学奖会授予戈尔丁的其中一个原因。这次预测准确使我特别高兴，特别自豪，也真诚希望有更多人会关注性别经济学。

四、珍妮特·柯里（Janet Currie）和威廉·麦克劳德（William MacLeod）

柯里和麦克劳德都是普林斯顿大学教授。柯里是2024年美国经济学学会主席，也是最新一位女性主席，曾任普林斯顿大学经济系主任，也是哥伦比亚大学经济系首位女性系主任。她还兼任普林斯顿大学健康与福利中心联席主任，也曾是健康经济学、劳动经济学学会主席。

麦克劳德是普林斯顿大学经济系教授，也是哥伦比亚大学经济系和法律系的双教授，曾任美国法律和经济学学会主席、制度和组织经济学学会主席。他的研究方向包括行为与实验、合同与组织、健康和教育、劳动经济学、微观经济学。

记得有天上午在她面朝阳光、红色椅子的办公室，搭配她的红上衣和红玫瑰丝巾，我请教她学术研究方向的选择，她说她最早在普林斯顿研究集体谈判（collective bargaining），因为周围所有人都研究这个方向。有一天她突然决定，要做自己喜欢的研究方向。儿童健康是她的兴趣所在，而且这方面的研究少，正好可以出更多新论文（而不是研究少所以不敢选择），于是她就这么修改、坚持并带领了新的研究方向。

柯里非常看重对女性经济学家的支持。2020年，她和金瑟（Ginther）、布洛（Blau）和克罗松（Croson）的研究发现，给女性经济学助理教授们提供导师指导，会加大她们留在学术界的可能，并提高她们在全球排名前30或前50的经济学研究机构里获得终身教职的可能。

AEA下属的经济学界妇女地位委员会（CSWEP）2015年将卡罗琳·肖·贝尔奖颁给柯里，她跟大家的分享中也谈到家庭和工作的平衡。"根本就不存在家庭和工作平衡的可能，这和经济学基本原则里的机会成本概念相悖。平衡概念不应该被宣传，否则大家达不到平衡时会觉得自己很失败。每人每天只有24个小时，在做一件事的时候就不能做另一件事，陪伴家庭的时间不能用来专注工作，反之亦然。所以每个人应该选择最适合她们自己的，试着享受这个选择，活在当下，忘掉试图平衡，因为根本就不可能做到平衡。（说到这里，台下的经济学家们都激动开心地鼓掌。）

柯里继续说：有个支持你的伴侣十分重要，甚至必要。她说到这里哽咽了，并温柔且充满爱意地看向台下的丈夫，感谢他对自己的支持。

柯里代表了新一代女性领导者的风格，充满真实的力量和特有的风格。一边学术扎实，一边春风温煦。真的，见到她时，觉得冬日的寒冰都突然融化了。

柯里是儿童发展经济研究的先驱。她的研究重点是社会经济对于健康和获得医疗保健、环境污染、精神疾病，以及怀孕期和幼儿时期健康问题的长期影响。其中一篇和莫雷蒂在2003年的研究发现，女性每多接受一年教育，她们生产时出现低出生体重儿的概率平均降低10%，早产概率降低6%（前面已有介绍）。

两位多年来有很多精彩的合作[①]，关注广泛，从抑郁症治疗过程中医生的决定思考，到剖宫产的诊断和不必要流程，从心脏病到意外死亡，到医院管理变革和护士合同的变化，两人的合作发表于QJE、《计量经济学》等众多顶级期刊。

五、克里斯蒂娜·罗默（Christina Romer）和戴维·罗默（David Romer）

这对夫妻曾是MIT经济系的同窗，现在同在加州大学伯

[①] Currie和MacLeod部分合作：
Understanding Doctor Decision Making: The Case of Depression Treat- ment, joint with Janet M. Currie, *Econometrica*, 2020, 88（3）: 847-878.
Diagnosis and Unnecessary Procedure Use: Evidence from C-sections, with J. Currie, *Journal of Labor Economics*, 2017, 35（1）: 1-43.

克利分校担任经济学教授。

2008年底全球经济危机，奥巴马任命克里斯蒂娜·罗默为总统经济顾问委员会主席。她的研究专长就是美国经济历史、1929年的美国经济大萧条和二战前后经济发展、宏观经济发展。她发表过大量顶尖经济学论文，早期论文包括《历史就业数据中的虚假波动》《到底是什么结束了大萧条》《重新测量商业周期》等。她也曾是美国经济学学会主席，比戈尔丁、耶伦和柯里还早。

国际货币基金组织的一篇采访[①]讲到罗默和奥巴马的初次见面。奥巴马先说货币政策已到极限，接下来财政政策、税收和支出是唯一选择。罗默尽管同意财政刺激是必要的，但她具有作为学者的执着，不同意总统的这个观点。"美联储没有耗尽子弹，还能做更多事，即使利率接近零。"根据她对20世纪30年代大萧条后期的研究，货币扩张可以促进经济复苏。

然后两人开始讨论政府还有什么可用的工具，罗斯福总统当年做对了什么，等等。奥巴马当场就邀请她加入政府班子。

罗默给奥巴马的经济刺激计划建议是1.8万亿美元，但

---

① IMF on Romer: https://www.imf.org/external/pubs/ft/fandd/2013/03/people.htm。

由于政治原因被压缩到1万亿美元之内,最终国会批准了7 870亿美元,连罗默建议的一半都不到。她后来谈到,由于经济危机的严重程度是慢慢显现出来的,所以一开始大家看不到事情的严重性。小数额的经济刺激可能是当时政治上唯一可行的选项,但事实上7 870亿美元太少了。现在人们面对的很多困难,都源于此。

这份工作罗默做了两年不到,于2010年底辞职。公开原因是儿子要开始上高中,需要她回到加州。但是据多方报道,其实是她对奥巴马的政策不满。例如《纽约客》的文章写道:

> 到2009年,奥巴马开始面对一个'常见的困境'——是应该利用白宫的神圣讲坛来改变民众想法,还是应该顺应民意?他选择了后者。他在演讲中开始说:'人民正在预算中做出艰难选择。我们在华盛顿也必须勒紧裤腰带。'罗默努力试图把这些说法从演讲稿中删除,认为这是'最错误的政策'。她认为总统应该强调政府如何更明智地使用纳税人的钱。可惜最终他似乎接受了共和党反对刺激、坚持紧缩的主张。她觉得他开始对凯恩斯主义失去信心。[1]

---

[1] https://www.newyorker.com/magazine/2012/01/30/the-obama-memos。

回忆这份在重大历史时期的重要工作，罗默说"在白宫是最难的工作"，也是"最重要和最有益的两年"。这段时间很艰苦的其中一个原因，是她的丈夫戴维不再是她的同事了。他虽然当时也一起搬到华盛顿，在IMF担任访问学者，但在不同组织，他们不仅停止了日常合作，政府的保密规定常常阻止他们讨论工作内容。她怀念和自己将近30年的信任伙伴一起讨论。

克里斯蒂娜和戴维都是著名的新凯恩斯主义者。夫妻俩有许多合作，最新一篇论文即将发表于AER，这篇论文探讨货币政策的重要性。她俩还有另一个很有名的同学，也是他们婚礼的伴郎——哈佛大学的曼昆。曼昆的《经济学原理》是最畅销的经济学本科读物之一，戴维·罗默的《高级宏观经济学》是所有经济学博士生的经典教材。

六、贝齐·斯蒂文森（Betsey Stevenson）和贾斯汀·沃尔夫（Justin Wolfers）

又是一对同学，斯蒂文森和沃尔夫是哈佛同学，是克劳迪娅·戈尔丁和劳伦斯·卡茨的学生，戈尔丁是斯蒂文森的论文导师之一，卡茨是两人的论文导师之一。现在两人都在密歇根大学经济系，都是劳动经济学家。沃尔夫也关注社会政策、法律与经济、政治经济、行为经济和宏观经济。

两人从未结婚，生活幸福，育有两个孩子。俩人经常合作论文，公开演讲，特别是关于共享收入、共同养育的话题。斯蒂文森从卫斯理学院毕业后，去美联储工作过一段时间，之后开启在哈佛经济系的博士生涯。比她小一岁的沃尔夫在她博三那年来到哈佛。刚开始，斯蒂文森完全看不上沃尔夫，因为他有一头金黄的长发。[①] 斯蒂文森的版本是："倒不是他说了什么，问题是他的长发。"沃尔夫的版本是："太帅了，不像个正经的经济学家。"

两人都是应用派经济学家，对数字和数学极其敏感。斯蒂文森的导师之一卡洛琳·霍克碧（Caroline Hoxby）说，"她对真实世界的数字有一种奇特的聪明，一种天生基因里的，不是能教出来的"。沃尔夫很快就被奥利维尔·布兰查德（Oliver Blanchard）邀请合作研究欧洲失业问题，布兰查德说，"我鼻子都能闻出来，沃尔夫对数字就是敏感"。

布兰查德因为自己父母当年离婚的痛苦经历，一开始对于亲密关系极度害怕。两人合作的大量文章都围绕离婚的议题。第一篇关注各州允许单方提出即可离婚的离婚法改变后的情况。研究发现，这些州的女性自杀率下降、家庭暴力减少，甚至被丈夫谋杀的女性人数也下降了。

[①] NYTimes, Betsey and Justin: https://www.nytimes.com/2012/02/12/business/economics-of-family-life-as-taught-by-a-power-couple.html。

戈尔丁谈到这两位学生时说："经济学的问题之一，是它不关注人，机械地将人当成某个代名词。如果他俩能写本经济学教科书，用真实世界里的信息，有结婚有离婚，有幸福有痛苦，这样多好。"

2020年，两人出版了《经济学原理》一书。网上可以买到，也可以关注他俩的博客，Think Like an Economist（像经济学家一样思考）。

选取两人几段有趣的对话[①]：

（1）你们不结婚是成本效益分析后的决定？

贾斯汀：我俩收入类似，所以按照美国法律规定，婚后要缴的税会多很多。我很爱贝齐，但没必要为那张婚姻证书多交钱。

贝齐：不光是税和政策，也和合同精神相关。婚姻是两人决定要一起组织生活的一个合同。但现代婚姻模版单一化，所以我俩大量讨论每个人看重的是什么，按照我们同意的来指导生活。离婚的人都知道，一纸婚约并不能约束未来。我觉得和贾斯汀之间的关系比婚礼本身更长久。我们有特别棒的孩子，这让我们永远绑定在一起，直到死亡。

---

① https://users.nber.org/~jwolfers/aboutme/EconomistsinLove.pdf。

（2）你俩在婚姻里各自的比较优势是什么？

贾斯汀：比较优势理论告诉我们，贸易里的最大效益是双方有不同的禀赋或优势。在带孩子上，她有独一无二的投入，那我就负责剩下的产出。

贝齐：爸爸们换尿布其实很棒的。传统的贝克尔模型说夫妻双方一人在外赚钱，一人在家照顾，这个模型过时了。我俩研究发现，科技和社会的变化降低了婚姻里"金钱或实物"产出的福利，增加了消费补充的价值。所以我俩的结合并不是通过"贸易或交换"能做更多事情，而是因为我俩有共同的爱好，所以提高了生活的乐趣和品质。

（3）你俩研究幸福的数据，有孩子之后有什么变化？

贝齐：大量科学研究表明，没孩子比有孩子更幸福。只有一篇文章说有孩子更幸福，后来发现研究有问题！

贾斯汀：我俩做了大量研究，作为到底要不要生孩子的参考。虽然数据说"不"，我们最后还是决定要孩子。女儿玛蒂尔达是个超棒的小姑娘（他们后来又生了一个儿子），过去做父母的一年半是我们一生中最快乐的时间。这个结论是否对所有家庭都成立，我们不知道。但可以确定的是，孩子究竟如何影响家长的幸福，这方面的研究太缺乏了。

(4)你俩如何保持浪漫？

贾斯汀：浪漫，你是说一起写论文吗？世界上没有比这个更浪漫的了。真心话，贝齐和我一起学习新事物，这是我们关系中很充实的重要部分。我俩每天都试着什么事儿一起做。

贝齐：除了和孩子一起度过愉快的时光，我们也想办法为对方做点小事。有朋友给我发了一个20世纪50年代的女性建议，可我看来一点儿都不好笑，还很让人生气。比如，老公下班回家前，要妻子涂上口红，放下所有事情，专心迎接老公回家。这个建议的冒犯之处在于，它只讨论了夫妻中的一方。我觉得两个人都要找出时间，让自己专心和对方相处。我也会涂口红，他也会为我准备惊喜。

七、谢莉·隆德伯格（Shelly Lundberg）和理查德·施塔茨（Richard Startz）

隆德伯格是著名劳动经济学、人口学和家庭经济学教授。曾任劳动经济学学会主席，以及欧洲人口经济学学会主席。她既有大量扎实的实证研究（从婚姻和生育到劳动力供给，从工资到家庭内部资源分配），还有理论模型（歧视、不平等和家庭决策）。

隆德伯格和施塔茨现在都是加州大学圣芭芭拉分校的经

济学教授,之前同在华盛顿大学。两人的合作方向包括种族不平等、退休和婚姻内部谈判等。

隆德伯格的主要学术合作伙伴是罗伯特·波拉克(Robert Pollak),其中很有名的是1993年发表在《政治经济学期刊》(*Journal of Political Economy*,JPE)上的"独立领域谈判"。此前的研究假设夫妻双方"利益统一"或者"离婚威胁",谈不拢就以离婚为要挟。"独立领域谈判模型"是两者之间"独立且不合作的方式",特别强调双方对于不同家庭资源的控制。

1997年,两人和特伦斯·威尔士(Terence Wales)用英国儿童福利数据,观察父母双方是否真的把所有资源放在一起。之前的经济学假设家里的钱都放在一起用,只看两人收入的整体。但这篇文章利用英国的改革政策,把大量儿童津贴直接发放给母亲。文章发现政策相对提高了女性和儿童的衣服支出,而不是家庭每个人的比例不变。

2005年夏天,我参加隆德伯格等多位世界前沿的性别经济学家在意大利锡耶纳大学组织的"性别经济学工作坊",那次奠定了我对性别经济学系统理论的了解。

那是一个永远难忘的夏天。在托斯卡纳阳光灿烂的土地上,有成片的橄榄树,蔓延的向日葵,无尽的绿野延绵。在一个古老的城堡里,有打开水龙头就是纯天然的地下气泡水,白天有最有趣的性别经济学学习和讨论,晚上有美味的意大利美食和美酒,恍惚间有些人生足矣的味道。

这个课里面讲了非常多有意思的东西。很多全球顶尖的相关经济学家,如德布拉·麦克洛斯基(Debra McCloskey)。她本人就是个传奇。她原来是位男性,后来做了变性手术,她会从男性和女性视角的不同开始讲起。比如对女性来讲,我们谈的是爱、信念、希望,对男性来讲就是勇气、公平等这些不同的概念。(德布拉还打趣跟我们说做边缘手术对她自己是一件很自然的事情,就好像有人喜欢威尼斯,那就去那旅游。而她去了威尼斯,发现很喜欢那里,就决定永远在那住着了。)

谢莉·隆德伯格也是家庭经济学里的前沿经济学家,她教我们用经济学理论框架的演变去探讨经典家庭经济学里的相关议题。比如传统上我们认为家庭是社会最主要的单位体系,家里所有人都是"心往一处想,劲往一处使",然后家庭效用达到最大化。但是大量的理论和实践让我们看到事实上并不总是这么回事。在家庭里,会有家庭内部谈判和讨价还价。再进一步,我们会谈到动态模型,不是今天谈判完就一劳永逸了,它是个重复博弈(repeated game)的长期过程。每个个体谈的如果足够多,那么对整个谈判双方的生态、思维体系也会有影响。长期动态模型对我们需要考虑的重要问题,有很大的借鉴作用。它直接体现了很重要的问题,包括大家决定怎么进入婚姻市场,以及要不要进入婚姻市场,或者你要不要离开婚姻市场等,设立了非常好的研究框架。

很有意思的帕戈加(Pagoga)教授从进化论的角度进行分享,一个是自然选择的角度,另一个是性选择的角度。比如,达尔文在研究自然选择的时候是非常讨厌孔雀尾巴的,因为从自然选择的角度,孔雀尾巴非常长,对于飞行来讲是一种负担。而飞行具有逃生的功能,所以影响飞行能力的长尾巴从自然选择的角度是无法解释的。但如果从性选择的角度来考虑,尾巴很长很漂亮,可以吸引雌性对雄性的关注。所以我们会从自然选择和性选择的角度去同时考虑。

再比如南希·福尔布雷(Nancy Folbre)。她跟我们分享的题目叫"爱情还是面包"(For Love or Money),正好和当时美国一个很火的真人秀节目重名。她的出发点很重要,谈了关怀经济、护理工作等。传统公共领域里更多是男性主导,私人世界更多是女性主导。由女性承担的大量护理工作,没有直接被体现出相关市场价值,也不被计算在GDP中。不管是情感的沟通,或者情绪和理解的价值等,低估这部分的关怀会产生深刻且广泛的社会和经济影响。当然社会的这种契约本身也在变化,但这堂课给我们开启了一个从理论到实证研究各方面的系统依据和参考，以及各国之间的历史比较，启发了我们很多思考的研究方向。

隆德伯格不仅是这次工作坊，也常年是性别经济学方向的全球领军人物。她在最新文章《性别经济学：死胡同和新机遇》中写道：

> 近年来，有关性别的经济学的文献大幅增加，部分原因是新的数据来源，包括对性别偏好和其他特征差异的实验研究。与此同时，经济学家们开始研究更现实的模型，看心理和社会对个体选择和文化进化的影响。尽管有这些创新，很多性别经济学方面的研究还是滞后，依然采用性别的经济差距、歧视或选择的简化模型……关键在于很多经济学家的思考已经形成习惯，而且行业里的人口（族群）不平等，导致我们在这个探索领域里的概念维度有限。

施塔茨主要是应用计量经济学来研究政策中的经济问题，在应用宏观经济学（增长、金融等）之外，对教育经济学和理论计量经济学都有涉及。

他和其他几位教授2017年在《自然》的子刊《自然——

气候变化》上发表文章[1],指出2100年前全球温度提高控制在2℃之内的概率非常低,只有5%的可能性。研究认为,之前联合国政府间气候变化专门委员会(IPCC)对于气候变化的人口、经济增长和碳使用的四大情景分析研究有问题,没使用全面统计方法。利用1960—2010年的数据,他们建立了贝叶斯层级模型,同时关注各国人均GDP和碳强度。

研究发现,90%的碳积累排放量都是IPCC中间的两种情况,而不是另外两种极端情况。所以到2100年前,全球变暖最可能的范围值是在2℃~4.9℃之间,中位数是3.2℃,只有5%的可能性低于2℃,1%的可能性低于1.5℃。这是全球气候变化合作里的新一篇令人警醒的重要文章。

八、莉娜·埃德隆德和道格拉斯·埃尔蒙德(Douglas Almond)

埃德隆德和埃尔蒙德都是哥伦比亚大学的经济学教授。埃德隆德关注发展经济学、劳动经济学和城市经济学,她的研究充满有趣的性别视角。部分可能跟她是韩裔但生长在性

---

[1] Adrian E. Raftery, Alec Zimmer, Dargan M.W. Frierson, Richard Startz and Peiran Liu. Less than 2° C Warming by 2100 Unlikely [J]. *Nature Climate Change*,2017,7:637–641.

别更平等的瑞典有关。来看下她写的部分研究题目：《同居（而不是婚姻）的目的》《婚姻的价格：印度嫁妆的通货膨胀》《为何女性开始左翼》。

埃德隆德的文章总是视角新颖，概念清晰，文笔流畅，且数据和模型处理得干净漂亮。本书中多次提到的《欲望都市》，就是出自她手。

埃德隆德和埃尔蒙德有很多非常有意思的合作论文。例如《孕期的剧吐和性别的进化选择》《偏爱儿子的文化持久：南亚和东亚移民去加拿大后的性别偏好》《切尔诺贝利的亚临床遗产：产前暴露于放射性物质和下一代学校成绩的关系》。

埃尔蒙德更多关注健康和教育，他现在是哥伦比亚大学国际公共事务学院学术副院长，也有很多有意思的文章。

例如2022年他和杜新明（音译）以及阿兰娜·沃格尔（Alana Vogel）发表在月刊 *Plos One* 上的文章，确认了俄罗斯对美国大选的直接影响。他们确认了俄罗斯网络喷子2015—2017年在推特对特朗普阵营的支持。例如，在俄罗斯节假日期间，喷子的活跃程度降低35%，圣彼得堡更冷的日子也会降低喷子的活跃程度。另外，俄罗斯节假日也会影响2016年美国竞选赌博市场的每日交易价格。

再比如他和穆祖德尔（Muzumder）和凡·艾维克（Van Ewijk）研究怀孕期间间接性断食对孩子的成绩影响。他们关注在（穆斯林）斋月期间孕妇白天禁食对孩子7岁时考试成绩的影响，发现孕早期接触斋月的巴基斯坦和孟加拉国学生的分数低0.05~0.08个标准差。

九、安妮·凯斯（Anne Case）女勋爵和安格斯·迪顿（Angus Deaton）爵士

迪顿于2015年获诺贝尔经济学奖，以表彰他"对消费、贫穷和福利的研究"。评审委员会如此评价：

> 消费在人类福祉中发挥着重要地位，理解这些关系对于经济政策的设计至关重要。迪顿研究了个体消费对社会经济发展的关系。他的研究涉及消费如何取决于价格，将消费与储蓄和收入联系起来，并展示了如何使用消费数据来分析福利、贫困和经济发展。

迪顿在二战结束后几天于苏格兰出生，后来在布里斯托尔生活时感到收入不够，有些学系甚至关门，也不知道自己是否就是下一个。所以他决定搬到普林斯顿大学，"普林斯顿似乎是一个田园诗般的天堂，拥有出色的同事、学生和

财富"。

迪顿刚到普林斯顿工作，面试当晚的聚会就认识了安妮·凯斯。[①] "对我俩来说都是难忘的相遇，但直到14年后的1997年，我俩都结束了各自的旅程之后，才成为情侣并结婚。今天，我无法想象我们不在一起的生活。我们的办公室相隔几扇门，经常一起旅行，有时一起工作、一起做饭、一起看歌剧，最重要的是，我们一起飞钓。无论是做饭还是飞钓，我本是老师，但早已被学生超越。在河上，安妮有一种自然又神秘的天赋，能够感知即将发生的事情。我们最近在开展一项关于美国中年白人死亡率和发病率的重大项目。有一个能持续一生的婚姻，是最富足的礼物。

凯斯关注微观发展经济学、健康经济学和劳动经济学，特别在健康研究方面是全球最杰出的经济学家之一。在和迪顿一起前已经在顶级经济学期刊上发表过多篇文章，从JPE的《预算溢出和财政政策相互依赖：来自美国各州的证据》到《家庭需求的地理空间格式》，从QJE的《兄弟姐妹的构成对女性教育和收入的影响》到AER的《发展中国家对技术使用的经济学模型》，等等。

两人婚后有时也会合作，研究跨越多个领域，包括在

[①] Deaton 讲述遇见 Case: https://www.nobelprize.org/prizes/economic-sciences/2015/deaton/facts/。

QJE 上发表的《南非学校的教育投入和产出》，AER 的《印度和南非穷人的健康与财富的对比》等。最有政策影响力的莫过于 2020 年两人共同出版的《美国怎么了：绝望的死亡与资本主义的未来》。

从 2015 年起，两人开始关注美国白人的健康状况。在《美国国家科学院期刊》发表的论文记录了 1999 年至 2013 年间美国中年非拉美裔白人男性和女性的死亡率显著上升，这一变化逆转了几十年来死亡率的降低。值得注意的是，其他的发达国家和美国的其他人口族群，都没有这个问题。

他俩对这个研究的政治意义也非常看重。特别结合特朗普 2016 年竞选成功，凯斯表示"中年白人身体和精神上的不健康和压力，对特朗普和桑德斯他们的受欢迎有巨大影响，或许表面上我们没有直观感受到，但绝对是重要的政治东风"。

接下来，他俩对这个问题愈加钻研。《美国怎么了》一书的摘要写道："美国人均寿命连续几年下降，这种逆转自 1918 年来从未出现过，在现代任何其他发达国家里也从未出现过。在过去 20 年里，因自杀、吸毒过量和酗酒而绝望的死亡人数急剧上升，每年夺走数十万的生命，而且这一数字仍在上升。"凯斯和迪顿因首次对绝望死亡发出警报而闻名，他们解释了死亡人数激增的原因，并揭示了导致工人阶级生活更加困难的社会和经济力量。他们也指出为何对曾经习惯在美国获得繁荣生活的人来说，资本主义不再能带来好处。

该书描绘了一幅衰落中的美国梦，极其令人不安的肖像。对白人工人阶级来说，今天的美国已经成为一个家庭破碎、前途渺茫的土地。随着受过大学教育的人变得更健康、更富有，没有学位的成年人实际上正在死于痛苦和绝望。两位作者将这场危机与劳动力地位的削弱、企业实力的增强，以及最重要的是贪婪的医疗保健部门将工人阶级的工资重新分配到富人的口袋里联系起来。两个多世纪以来，资本主义让无数人摆脱了贫困，现在却正在摧毁美国蓝领的生活。

因为凯斯在健康领域的领先和深入研究，本书的第一作者就是凯斯。

凯斯是女勋爵，迪顿是男爵，如此琴瑟和鸣、相濡以沫的一对著名经济学家。

十、南希·斯托基（Nancy Stokey）和罗伯特·卢卡斯（Robert Lucas）

斯托基是数理经济学家，她的研究里有大量的数学和模型。她1978年从哈佛大学经济系博士毕业，去了西北大学，在不到十年时间里就做到了经济系主任。后加入芝加哥大学，刚毕业就已经在QJE发表《跨期价格歧视》，第二年又发表《职业区分和工资》。1996年就任美国经济学学会副主席，也曾是《计量经济学》的联合主编。

卢卡斯和斯托基是芝加哥大学经济系的教授和同事，在增长理论、公共财政和货币理论方面有很多合作。两人都是新古典宏观经济学的代表人物，两人和爱德华·普雷斯科特（Edward Prescott）合著的《经济动态学的递归方法》是现代新古典宏观经济学的标准数学教科书。

卢卡斯是1995年的经济学诺奖得主，授予他"发展并应用了理性预期假设，从而改变了宏观经济分析并加深了我们对经济政策的理解。还对行为经济学做出了重要的基础贡献"。

1972年，卢卡斯发表了他的开创性论文《预期与货币中性》，其中他将理性预期应用于菲利普斯曲线。该曲线显示了通胀与失业之间的关系，那之前大家普遍认为通胀增加可以降低失业率，但卢卡斯的动态模型却表明，通胀对长期平均就业水平没有影响。

来看看其他诺奖得主是如何评价卢卡斯的：[1]

---

[1] https://news.uchicago.edu/story/robert-e-lucas-jr-nobel-laureate-and-pioneering-economist-1937-2023。

普雷斯科特说,"想不出有比卢卡斯1972年这篇文章更重要的经济学论文了"。

贝克尔说,"卢卡斯的研究最初受到很多敌意,但后来被证明是未来的观点"。(卢卡斯的理论可以说毁灭了凯恩斯模型。有段时间凯恩斯主义捍卫者对他的研究大肆攻击。)

卢卡斯的开创性研究对经济学产生了深刻影响。他的研究表明,由于人们会对自己的经济和福利做出理性决定,所以他们的决定可以改变政府政策最早的预期结果,继而产生连锁反应。给政府和央行提供一种更具批判性的思维来思考财政干预。

所以如果政府或经济学家们不能将个人决策,特别是对政策的预期和反应,加入最初国家制定政策的过程,那制定本身无法充分预测政策变化的影响。这就是著名的"卢卡斯批判"。这是卢卡斯对经济理论做出的几项重大贡献之一——从投资到失业、经济增长、货币政策等各个领域。

非常遗憾,卢卡斯在2023年5月与世长辞。他的家人请亲朋好友以他的名义向"无国界医生"组织捐款,以代替送花。

后记一

优秀的女经济学家还有很多,比如出生于古巴的世界银行首席经济学家卡门·莱因哈特（Carmen Reinhart，之前是哈佛大学肯尼迪政府学院教授），老公是哥伦比亚大学的同学文森特·莱因哈特（Vincent Reinhart），纽约梅隆银行资产管理的首席经济学家。出生于印度的吉塔·戈皮纳特（Gita Gopinath），国际货币基金组织第一副总裁（之前是哈佛大学经济学教授），老公是德里经济学院的同学易巴·达利瓦（Iqbal Dhaliwal）。麻省理工学院阿卜杜拉·拉提夫·贾米尔（Abdul Latif Jameel），贫穷行动实验室的全球执行主任，这个实验室也包括前面提到的研究贫困的迪弗洛和班纳吉，等等。限于篇幅，本节仅选取目前依然积极活跃在学术领域的经济学伉俪们。

美国经济学学会有个妇女地位委员会，是下属的一个常设委员会，创立于1971年，负责促进女性经济学家在学术界、政府机构和其他地方的职业发展并监督其进步。我国也有女经济学家协会——"中国女经济学者研讨会"，由赵耀辉老师和董晓媛老师发起，迄今已经举办过20届，是中国女性经济学者以及从事性别议题的研究者的重要学术交流平台。

我很希望通过本文，让大家看到其实有很多优秀的女性经济学家，有很多优秀的经济学家伉俪。希望有更多女性加入经济学研究领域，让这个依然有很多不足却有趣有意义的现代社会科学有更长足的发展。

后记二

我国也有很多对著名的经济学家夫妻。但他们中的不少人非常低调,不希望个人生活被公开。出于对老师们的尊重和敬意,本节仅选取国际上十对经济学爱人(斯蒂文森和沃尔夫是坚定的不婚主义者)。

国内这些受人尊敬的经济学家夫妻,他们在学术界、政策届、管理界、业界等跨度广泛、研究扎实、思考深刻,多次获孙冶方经济科学奖(被誉为中国的诺贝尔经济学奖)或国务院颁发的政府特殊津贴(政府对高层次专业技术人才和高技能人才的特别奖励制度)。

他们也会创立重要的调查项目,多年跟踪考察。在学术研究之外,还有能力和意愿传道授业解惑于学生和大众,不遗余力地推进我国的改革和发展。

感谢他们几十年如一日对经济学的严谨研究,对学生的孜孜不倦,对政策影响的重大贡献。羡慕并祝福她们的琴瑟和鸣,智力和生活的最高结合。

2023年诺贝尔经济学奖和性别平等

导语　*2023年诺贝尔经济学奖的性别平等启示。*

我看到了中国女性敢于说"不"

2023年诺贝尔经济学奖授予戈尔丁，因为她关注女性劳动力市场的研究。2019年我写的关于"生育惩罚"的文章，就是她推荐我关注的。其实经济学家在很多年前就开始研究性别议题，但还没成为主流。这次因为她的获奖，相信接下来会有更多人关注。

那次在瑞典参加性别经济学和劳动力市场国际研讨会。会上有一篇非常有意思的文章，探讨成功女性的婚姻。第三章的《性别的离婚经济学》提到过，成为市长、竞选国家议员、成为CEO三组都是成功的女性离婚率增高，但成功的男性离婚率反而降低。因此男女之间"成功"对婚姻的影响差别或者说歧视是非常明显的。

当时我和克劳迪娅在午饭时又聊到这篇文章，她抛给我一个问题："为什么离婚是一件坏事？"我当时就愣住了。

离婚在人生过程中，的确是非常不稳定的事件。但是人生很长，有不稳定和选择错误是非常正常的，无论是选错了餐馆、交错了朋友，还是找错了婚姻伴侣，都正常。纠正错误，在这个过程中更好地了解自己、发现自己、变成更好的自己，这才是重点。

我们过去一直带着一种观念，似乎离婚是错的，是不好的，甚至是丢人的。但如果是错误的婚姻，那么结束它并开始新生活，其实更好。前面讲过经济学里的一个重要概念，叫沉没成本，不要因为我已经和这个人结婚很多年，就舍不得放弃之前的时光和在这个人身上的投资。如果是错误，你继续投资，你的成本会更高；如果你画上句号，开始新生活，其实是更值得的。错误的婚姻是个黑洞，只会让你变差。而离婚大不了就是回归自己，甚至找到新的光明。这不是好事吗？

随着中国近年来离婚率的升高，我们看到了现在的中国女性敢于说不这件事情。她们不再委曲求全，为了一个所谓完整的婚姻保持婚姻状态，而是敢于对不幸福的婚姻说不，敢于追求真正的人生。

戈尔丁获奖后，我希望更多女性能参与进来

我自己对劳动经济学、教育经济学非常感兴趣。这些领域里的女性经济学家比例要高很多。即便如此，在性别方面，国际上从事这方面研究的人的比例依然非常低，这是一个女性视角的缺失。

我想科学地证明，是不是真的读到本科或者研究生，结婚率就更低？我后来非常开心地发现并不是，她们的收入提高，老公的收入也提高，等等。大量相关文献也有类似的结论，就是高学历女性会相对推迟结婚年龄，但婚姻会更稳定幸福。

做这些研究时，我会遍读相关文献，并关注相关领域里的国际顶级大师都有谁。克劳迪娅真的是几十年前大家就已经关注到的经济学明星。

我在写《十对改变世界的经济学家夫妻》的文章时跟她请教，她说："经济学夫妻档很多，只写十对肯定很难选。其实名单这么长，而女经济学家数量这些年依然这么少，是很有意思的。现在1/3的经济学研究生和博士生是女性，而我是学生时这个比例只有5%。女性经济学家和男性经济学家结婚的比例比其他男性主导的行业要高很多。我觉得是因为大家看待世界的方法都很类似，心理思考也一样（和其他行业不同）。这说明男女经济学家们更希望和对方结婚，只是女性经济学家太少了！"

当女性追求更平等权利时，对男性也有益

之前提过，我们在选择婚姻时要提前思考，步入婚姻前该问的问题、该探讨的点都要提前说好。两个人在家庭里的角色，以及婚后和人生中对生活的向往和变化是不确定的。例如，对一些男性来说，如果一开始就足够了解和接受女性有可能想到外面闯一片天地的话，他们并不一定会结合在一起。《性别的离婚经济学》那篇文章就告诉我们，处于高度传统婚姻模式的家庭，例如女性比配偶年轻很多，并承担大多数产假等，在女性突然晋升成功后，会有夫妻双方对现状和预期的不匹配，双方重新就角色和分工进行谈判就有更多压力。此时女性越成功，离婚的可能性就越高。

从劳动经济学和性别经济学的角度看，这一点非常重要。当女性受教育程度越来越高，收入水平越来越高，社会地位越来越高，女性享有更多独立和思考的时候，女性选择的另一半是否支持自己的事业和想追求的生活，就格外重要。

不管是在政界、学界、商界或其他界，通常升到高层，女性数量就会骤减。有的国家做得更好，有的国家有暂时的退步。但从历史的视角看，我坚信这个方向一定会变得越来越好。作为经济学者，我深信驱动社会进步需要经济发展、科技进步等，这些会导致人们有不同的需求，然后一起推动整个社会进步。所以即便是短期在某些地方、某些行业，女性的地位下降或后退，我也坚信一定会越来越好。

很多时候，大家对性别平等、女性主义在认知上还有偏颇。女性主义不是要把男性打倒在地，其实要的只是机会平等，就像美国最高法院前任大法官金斯伯格所说，"不是要对女性的偏爱，唯一的要求就是他们把脚从我们的脖子上拿开"。

从克劳迪娅的大量性别研究也可以看到，当女性追求到更平等权利的时候，当女性的教育和收入上升的时候，对男性、下一代和国家发展也是更好的。例如本书中多次提到，提升女性的受教育水平，也会提高丈夫的收入和寿命，增强孩子的身体健康和学习成绩，促进国家的经济增长和社会发展等。关注女性健康的同时，也要关注男性的生殖健康。让女性有充分的机会和权利工作，也会让男性有充分的机会和权利在家平衡家庭和事业，降低对男性的各种性别歧视，如"男子汉"、赚钱、买房和各种形象压力等。

我们要的不是结果平等，而是机会平等

在《性别平等的经济学定义》里我提到，到底如何定义平等呢？虽然现在并没有一个所谓国际公认的标准答案，但从经济学的角度看，我们要的不是结果平等，而是机会平等。结果平等会变成吃"大锅饭"。我们不能只考虑公平，也要考虑效率，要兼顾公平和效率。

我想再次强调，我们要的不是结果平等，而是机会平等。不会因为你是女性，生育后公司就不要你；也不会因为你是男性，就不能穿粉色衣服，就不能玩芭比娃娃。

不是因为你天生是谁，而是因为你够聪明、够努力、够认真长期坚持做一件事情，那你就应该获得机会，应该被肯定，应该有收获。

这次克劳迪娅获得诺贝尔经济学奖，真的很为她高兴。因为在传统经济学里，女性视角真的太少了。包括诺奖评审委员会也提到，"她激励了大量新的年轻经济学家在这个领域的研究"。

上一届经济学诺奖得主迪弗洛在获奖感言中说："这说明女性是可以成功并且被认可的。我希望这将激励更多的女性继续工作，并激励其他男性给予她们应得的尊重。"

我最敬仰的经济学教授加里·贝克尔先生在诺奖感言中曾说："对所有承受种种障碍、批评甚至嘲弄，突破传统来进行更广阔的行为研究和分析的经济学家而言，这个奖项用可能的最有影响力的方式予以了认可。"

这些字斟句酌的智慧感言，适应于经济学研究乃至人生中所有值得的正确坚持。所有曾经历过挫折和徘徊，承受过种种障碍、批评甚至嘲弄的你，请记住，黎明前是黑暗，越黑暗说明距离光明越近，届时的光芒会更灿烂耀眼。未来的某天，我们回顾此刻，伴随那些意想不到的人生美好收获，会感谢今天的相信和坚持。

最早将经济学视角转到家庭的是加里·贝克尔教授，他是1992年的经济学诺奖得主。他的学生戈尔丁教授在2023年也获诺奖。希望看到我国也有更多经济学家加入劳动经济学和性别经济学的研究。

十几年前，我开始给中国社会科学院的研究生和博士生上劳动经济学的课，我讲的是教育和婚姻市场方向的课程和文献分享。我曾跟同学们说，讲了这些年，有一个同学会选择做婚姻市场方面的经济学研究，有一个同学在做经济学研究的时候更多带入性别视角，我就十分欣慰了。2023年底上课时，有一位博士生在关注各地的家暴变化，我十分期待她的研究。

无论是更多女性进入高等教育殿堂，更多女性进入公司和政府的管理高层，还是更多女性获得国际大奖……今天我们看到的都只是一个新的开始。坚信并期待看到更多优秀女性闪光，更多男性可以自由做自己，真正做到性别平等，让我们的世界变得更好。

致　谢

这本书送给我的太姥姥。感谢您告诉我女孩可以和男孩一样聪明、能干。

也送给我的 Cherie。你代表了人世间的美好，教会我如何去爱。你几个月大的时候有次不停地哭，我试了所有能用的办法，从抱着，到唱歌，到跳舞，到摇篮和玩具，真的要崩溃了，完全不知道还能怎么办。当时的育儿嫂告诉我，你不能用你以为有用的方式，而是要用她需要的方式，用她希望被爱的方式去爱她。

这是最睿智的哲学，最通透的关于爱的道理，即要用对方需要的方式去爱，而不是我以为对的方式。妈妈做得远远不够，但是妈妈超级爱你，也在慢慢学习和体会可以如何更好地爱你。这个过程中,我学会了从对方角度思考,学会了坚持,学会了放下,学会了妥协,学会了付出,学会了信念。谢谢我发光的小女超人。

谢谢爸爸妈妈。生养、培养、教养,感谢你们的心血和付出。文字无法表达我对你们的感激和爱。

谢谢我的老师们。谢谢博导伯蒂尔·霍尔姆隆德(Bertil Holmlund)教授。您的严格——我用错计量经济学模型会无情地问"哪儿学的这个丑陋技巧";细心——连一个标点符号都会纠正(诺贝尔经济学奖评审委员会主席怎么会有时间看得如此仔细!);抓研究方向——每当我走偏了就会及时拉我回来;以及全力支持——只要我兴趣所在。谢谢第二博导奥斯卡·诺德斯特罗姆·斯坎斯(Oscar Nordstrom Skans)教授,苦口婆心把我拉扯毕业,从检查模型代码错误到建议可能的模型设计,从数据的寻找到清理,从修改各种材料到论文,我对自己都没有这么大的耐心。谢谢戴维·卡德教授(David Card),我在伯克利的导师,2021年的诺奖得主。谢谢您又多又快的学术灵感和精妙建议,还有让我自愧不如的推荐信。感谢所有认真培养我的老师们,抱歉我没有坚持学术路线,但我永远不会放弃经济学。

谢谢张梅青和石美霞老师,给我极大的支持、关爱和力量。谢谢我未曾谋面的郑真真老师,那年在王府井的新华书店买了一本她的书,具体名字不记得了,大约是农村女性进城务工的收入(差距)问题。我当时就觉得,好有意思的课题!谢谢意大利锡耶纳大学组织的"性别经济学"工作坊和那时的男友,他说"你一提到性别经济学话题,眼睛就会发光"。

谢谢李大巍和刘霞在《性别经济学》这本书和力争性别平等这条路上的陪伴。没有你们,就不会有这本书。

谢谢《性别经济学》微信公众号过去十年的小编们,赵鸿潮、张兰、尹兰馨、姚明君、职嘉男、候海波、许默焓、西瓜、王子悦、魏觉晓、余宏昊、Phoneix等。感谢研究人员和编辑助理的工作。谢谢王波明总和何刚老师,感谢《比较》编辑部和伴随这本书诞生的每位编辑,特别是素萍老师、艺璇和全体编辑。你们的经验、责任心、耐心和慧眼独具让我本来对出书需要大量工作的恐惧和抵触心理,变成了愉快有趣的期待,感谢你们。

谢谢让我痛苦但让我有机会得以成长的人。(请注意我这里的措辞——不是他们让我成长,而是我自己选择了成长。没有人愿意主动要求痛苦,但痛苦来了怎么选择,是由我们自己掌控的。我要骄傲地让那些人看到,我没有被你打趴下,相反变得更好。)是当年我经历的黑暗和痛苦,让我开始拿起经济学的武器和工具,开始写性别议题。当年从未想过要出书，只是随笔一写，无心插柳柳成荫。所以这本书，感谢你们，也献给你们。

谢谢告诉我做的事情有意义，给了我坚持力量的陌生朋友们。某次活动后，一位女生来找我，说看到有我的演讲特意请假来北京，并带来老家的白草莓。每颗草莓都用心包装，先是一层白色防震泡沫，再加一层保鲜膜，每一颗都认真摆放在保鲜盒里。我回来边笑边哭边吃草莓，每颗都超级甜，那是大力水手的菠菜。

谢谢TEDxChaoyangWomen活动后，抱着我哭、抱着我笑、写信分享人生变化的朋友们，让我们知道所有的付出都是值得的。谢谢去年夏天在某胡同的分享后，过来与我拥抱的那个女生。虽然你没说为什么哭泣难过，但我懂。我有快要撑不住觉得要崩溃放弃的时刻，也有需要一个拥抱的时刻。那些时刻，就是我们需要支持网络，需要抱团取暖的时刻。谢谢你给我一个机会，让我知道我的拥抱给了你力量。

谢谢所有爱我和我爱的人们，你们的理解和陪伴让我不再孤单不再害怕，给我了温暖和光，让我可以坚定有力地继续前行。让我知道，累了可以休息，前进有你们在身边。特别是在人生最低谷陪我哭陪我笑的朋友们：暖儿、Kennex、聪聪、管老师、婧、佳益、凯、昀、Apple、雅、薇、Jean、Jeff和H，谢谢你们，爱你们。

谢谢我自己。这一路，辛苦了。谢谢你这么棒，抱抱你。

谢谢每一位读到这本书的你，感谢你愿意阅读这些文字。龙年大年初二晚，在饱吃饱睡几天后，躺着重温《与神对话》一书，突然获得灵感，开始写这段致谢词。把书里我很喜欢的一句也送给你——这本书是你邀请到生命中的，请感谢你自己。

刘倩

2月14日写于北京飞往纽约途中